心一堂術數古籍珍本叢刊

書名：家傳三元地理秘書十三種　附秘文三篇
系列：心一堂術數古籍珍本叢刊　堪輿類　蔣徒張仲馨三元真傳系列　第二輯　180
作者：【清】汪云吾、劉樂山編註
主編、責任編輯：陳劍聰
心一堂術數古籍珍本叢刊編校小組：陳劍聰　素聞　梁松盛　鄒偉才　虛白盧主

出版：心一堂有限公司
通訊地址：香港九龍旺角彌敦道六一〇號荷李活商業中心十八樓〇五－〇六室
深港讀者服務中心・中國深圳市羅湖區立新路六號羅湖商業大廈負一層〇〇八室
電話號碼：(852)67150840
網址：publish.sunyata.cc
電郵：sunyatabook@gmail.com
網店：http://book.sunyata.cc
淘寶店地址：https://shop210782774.taobao.com
微店地址：https://weidian.com/s/1212826297
臉書：https://www.facebook.com/sunyatabook
讀者論壇：http://bbs.sunyata.cc/

版次：二零一七年二月初版
平裝

定價：港幣　　三百八十元正
　　　新台幣　一千四百九十八元正

國際書號：ISBN 978-988-8317-48-6

香港發行：香港聯合書刊物流有限公司
地址：香港新界大埔汀麗路36號中華商務印刷大厦3樓
電話號碼：(852)2150-2100
傳真號碼：(852)2407-3062
電郵：info@suplogistics.com.hk

台灣發行：秀威資訊科技股份有限公司
地址：台灣台北市內湖區瑞光路七十六巷六十五號一樓
電話號碼：+886-2-2796-3638
傳真號碼：+886-2-2796-1377
網絡書店：www.bodbooks.com.tw
台灣國家書店讀者服務中心：
地址：台灣台北市中山區松江路二〇九號一樓
電話號碼：+886-2-2518-0207
傳真號碼：+886-2-2518-0778
網絡書店：http://www.govbooks.com.tw

中國大陸發行　零售：深圳心一堂文化傳播有限公司
深圳地址：深圳市羅湖區立新路六號羅湖商業大廈負一層〇〇八室
電話號碼：(86)0755-82224934

心一堂微店二維碼

心一堂淘寶店二維碼

心一堂術數古籍珍本叢刊

書名：家傳三元地理秘書十三種　附秘文三篇
系列：心一堂術數古籍珍本叢刊　堪輿類　蔣徒張仲馨三元真傳系列　第二輯　180
作者：【清】汪云吾、劉樂山編註
主編、責任編輯：陳劍聰
心一堂術數古籍珍本叢刊編校小組：陳劍聰　素聞　梁松盛　鄒偉才　虛白盧主

出版：心一堂有限公司
通訊地址：香港九龍旺角彌敦道六一〇號荷李活商業中心十八樓〇五－〇六室
深港讀者服務中心：中國深圳市羅湖區立新路六號羅湖商業大厦負一層〇〇八室
電話號碼：(852)67150840
網址：publish.sunyata.cc
電郵：sunyatabook@gmail.com
網店：http://book.sunyata.cc
淘寶店地址：https://shop210782774.taobao.com
微店地址：https://weidian.com/s/1212826297
臉書：https://www.facebook.com/sunyatabook
讀者論壇：http://bbs.sunyata.cc/

版次：二零一七年二月初版
平裝

定價：港幣　三百八十元正
　　　新台幣　一千四百九十八元正

國際書號：ISBN 978-988-8317-48-6

香港發行：香港聯合書刊物流有限公司
地址：香港新界大埔汀麗路36號中華商務印刷大廈3樓
電話號碼：(852)2150-2100
傳真號碼：(852)2407-3062
電郵：info@suplogistics.com.hk

台灣發行：秀威資訊科技股份有限公司
地址：台灣台北市內湖區瑞光路七十六巷六十五號一樓
電話號碼：+886-2-2796-3638
傳真號碼：+886-2-2796-1377
網絡書店：www.bodbooks.com.tw
台灣國家書店讀者服務中心：
地址：台灣台北市中山區松江路二〇九號一樓
電話號碼：+886-2-2518-0207
傳真號碼：+886-2-2518-0778
網絡書店：http://www.govbooks.com.tw

中國大陸發行　零售：深圳心一堂文化傳播有限公司
深圳地址：深圳市羅湖區立新路六號羅湖商業大厦負一層〇〇八室
電話號碼：(86)0755-82224934

心一堂微店二維碼

心一堂淘寶店二維碼

心一堂術數古籍 珍本 整理 叢刊 總序

術數定義

術數，大概可謂以「推算（推演）、預測人（個人、群體、國家等）、事、物、自然現象、時間、空間方位等規律及氣數，並或通過種種『方術』，從而達致趨吉避凶或某種特定目的」之知識體系和方法。

術數類別

我國術數的內容類別，歷代不盡相同，例如《漢書·藝文志》中載，漢代術數有六類：天文、曆譜、五行、蓍龜、雜占、形法。至清代《四庫全書》，術數類則有：數學、占候、相宅相墓、占卜、命書、相書、陰陽五行、雜技術等，其他如《後漢書·方術部》、《藝文類聚·方術部》、《太平御覽·方術部》等，對於術數的分類，皆有差異。古代多把天文、曆譜、及部分數學均歸入術數類，而民間流行亦視傳統醫學作為術數的一環；此外，有些術數與宗教中的方術亦往往難以分開。現代民間則常將各種術數歸納為五大類別：命、卜、相、醫、山，通稱「五術」。

本叢刊在《四庫全書》的分類基礎上，將術數分為九大類別：占筮、星命、相術、堪輿、選擇、三式、讖諱、理數（陰陽五行）、雜術（其他）。而未收天文、曆譜、算術、宗教方術、醫學。

術數思想與發展——從術到學，乃至合道

我國術數是由上古的占星、卜筮、形法等術發展下來的。其中卜筮之術，是歷經夏商周三代而通過「龜卜、蓍筮」得出卜（筮）辭的一種預測（吉凶成敗）術，之後歸納並結集成書，此即現傳之《易

經》。經過春秋戰國至秦漢之際，受到當時諸子百家的影響、儒家的推崇，遂有《易傳》等的出現，原本是卜筮術書的《易經》，被提升及解讀成有包涵「天地之道（理）」之學。因此，《易・繫辭傳》曰：「易與天地準，故能彌綸天地之道。」

漢代以後，易學中的陰陽學說，與五行、九宮、干支、氣運、災變、律曆、卦氣、讖緯、天人感應說等相結合，形成易學中象數系統。而其他原與《易經》本來沒有關係的術數，如占星、形法、選擇，亦漸漸以易理（象數學說）為依歸。《四庫全書・易類小序》云：「術數之興，多在秦漢以後。要其旨，不出乎陰陽五行，生尅制化。實皆《易》之支派，傳以雜說耳。」至此，術數可謂已由「術」發展成「學」。

及至宋代，術數理論與理學中的河圖洛書、太極圖、邵雍先天之學及皇極經世等學說給合，通過術數以演繹理學中「天地中有一太極，萬物中各有一太極」（《朱子語類》）的思想。術數理論不單已發展至十分成熟，而且也從其學理中衍生一些新的方法或理論，如《梅花易數》、《河洛理數》等。

在傳統上，術數功能往往不止於僅僅作為趨吉避凶的方術，及「能彌綸天地之道」的學問，亦有其「修心養性」的功能，「與道合一」（修道）的內涵。《素問・上古天真論》：「上古之人，其知道者，法於陰陽，和於術數。」數之意義，不單是外在的算數、歷數、氣數，而是與理學中同等的「道」、「理」--心性的功能，北宋理氣家邵雍對此多有發揮：「聖人之心，是亦數也」、「萬化萬事生乎心」、「心為太極」。《觀物外篇》：「先天之學，心法也。……蓋天地萬物之理，盡在其中矣，心一而不分，則能應萬物。」反過來說，宋代的術數理論，受到當時理學、佛道及宋易影響，認為心性本質上是等同天地之太極。天地萬物氣數規律，能通過內觀自心而有所感知，即是內心也已具備有術數的推演及預測、感知能力；相傳是邵雍所創之《梅花易數》，便是在這樣的背景下誕生。

《易・文言傳》已有「積善之家，必有餘慶；積不善之家，必有餘殃」之說，至漢代流行的災變說及讖緯說，我國數千年來都認為天災，異常天象（自然現象），皆與一國或一地的施政者失德有關；下至家族、個人之盛衰，也都與一族一人之德行修養有關。因此，我國術數中除了吉凶盛衰理數之外，人心的德行修養，也是趨吉避凶的一個關鍵因素。

術數與宗教、修道

在這種思想之下，我國術數不單只是附屬於巫術或宗教行為的方術，又往往是一種宗教的修煉手段--通過術數，以知陰陽，乃至合陰陽（道）。「其知道者，法於陰陽，和於術數。」例如，「奇門遁甲」術中，即分為「術奇門」與「法奇門」兩大類。「法奇門」中有大量道教中符籙、手印、存想、內煉的內容，是道教內丹外法的一種重要外法修煉體系。甚至在雷法一系的修煉上，亦大量應用了術數內容。此外，相術、堪輿術中也有修煉望氣（氣的形狀、顏色）的方法；堪輿家除了選擇陰陽宅之吉凶外，也有道教中選擇適合修道環境（法、財、侶、地中的地）的方法，以至通過堪輿術觀察天地山川陰陽之氣，亦成為領悟陰陽金丹大道的一途。

易學體系以外的術數與的少數民族的術數

我國術數中，也有不用或不全用易理作為其理論依據的，如揚雄的《太玄》、司馬光的《潛虛》。也有一些占卜法、雜術不屬於《易經》系統，不過對後世影響較少而已。

外來宗教及少數民族中也有不少雖受漢文化影響（如陰陽、五行、二十八宿等學說。）但仍自成系統的術數，如古代的西夏、突厥、吐魯番等占卜及星占術，藏族中有多種藏傳佛教占卜術、苯教占卜術、擇吉術、推命術、相術等；北方少數民族有薩滿教占卜術；不少少數民族如水族、白族、布朗族、佤族、彝族、苗族等，皆有占雞（卦）草卜、雞蛋卜等術，納西族的占星術、占卜術，彝族畢摩的推命術、占卜術……等等，都是屬於《易經》體系以外的術數。相對上，外國傳入的術數以及其理論，對我國術數影響更大。

曆法、推步術與外來術數的影響

我國的術數與曆法的關係非常緊密。早期的術數中，很多是利用星宿或星宿組合的位置（如某星在某州或某宮某度）付予某種吉凶意義，并據之以推演，例如歲星（木星）、月將（某月太陽所躔之宮次）等。不過，由於不同的古代曆法推步的誤差及歲差的問題，若干年後，其術數所用之星辰的位置，已與真實星辰的位置不一樣了；此如歲星（木星），早期的曆法及術數以十二年為一周期（以應地支），與木星真實周期十一點八六年，每幾十年便錯一宮。後來術家又設一「太歲」的假想星體來解決，是歲星運行的相反，週期亦剛好是十二年。而術數中的神煞，很多即是根據太歲的位置而定。又如六壬術中的「月將」，原是立春節氣後太陽躔娵訾之次而稱作「登明亥將」，至宋代，因歲差的關係，要到雨水節氣後太陽才躔娵訾之次，當時沈括提出了修正，但明清時六壬術中「月將」仍然沿用宋代沈括修正的起法沒有再修正。

由於以真實星象周期的推步術是非常繁複，而且古代星象推步術本身亦有不少誤差，大多數術數除依曆書保留了太陽（節氣）、太陰（月相）的簡單宮次計算外，漸漸形成根據干支、日月等的各自起例，以起出其他具有不同含義的眾多假想星象及神煞系統。唐宋以後，我國絕大部分術數都主要沿用這一系統，也出現了不少完全脫離真實星象的術數，如《子平術》、《紫微斗數》、《鐵版神數》等。後來就連一些利用真實星辰位置的術數，如《七政四餘術》及選擇法中的《天星選擇》，也已與假想星象及神煞混合而使用了。

隨着古代外國曆（推步）、術數的傳入，如唐代傳入的印度曆法及術數，元代傳入的回回曆等，其中我國占星術便吸收了印度占星術中羅睺星、計都星等而形成四餘星，又通過阿拉伯占星術而吸收了其中來自希臘、巴比倫占星術的黃道十二宮、四大（四元素）學說（地、水、火、風），並與我國傳統的二十八宿、五行說、神煞系統並存而形成《七政四餘術》。此外，一些術數中的北斗星名，不用我國傳統的星名：天樞、天璇、天璣、天權、玉衡、開陽、搖光，而是使用來自印度梵文所譯的：貪狼、巨門、祿存、文曲，廉貞、武曲、破軍等，此明顯是受到唐代從印度傳入的曆法及占星術所影響。如星命術中的《紫微斗數》及堪輿術中的《撼龍經》等文獻中，其星皆用印度譯名。及至清初《時憲曆》，置閏之法則改用西法「定氣」。清代以後的術數，又作過不少的調整。

此外，我國相術中的面相術、手相術，唐宋之際受印度相術影響頗大，至民國初年，又通過翻譯歐西、日本的相術書籍而大量吸收歐西相術的內容，形成了現代我國坊間流行的新式相術。

陰陽學——術數在古代、官方管理及外國的影響

術數在古代社會中一直扮演着一個非常重要的角色，影響層面不單只是某一階層、某一職業、某一年齡的人，而是上自帝王，下至普通百姓，從出生到死亡，不論是生活上的小事如洗髮、出行等，大事如建房、入伙、出兵等，從個人、家族以至國家，從天文、氣象、地理到人事、軍事，從民俗、學術到宗教，都離不開術數的應用。我國最晚在唐代開始，已把以上術數之學，稱作陰陽（學），行術數者稱陰陽人。（敦煌文書、斯四三二七唐《師師漫語話》：「以下說陰陽人謾語話」，此說法後來傳入日本，今日本人稱行術數者為「陰陽師」）。一直到了清末，欽天監中負責陰陽術數的官員中，以及民間術數之士，仍名陰陽生。

古代政府的中欽天監（司天監），除了負責天文、曆法、輿地之外，亦精通其他如星占、選擇、堪輿等術數，除在皇室人員及朝庭中應用外，也定期頒行日書、修定術數，使民間對於天文、日曆用事吉凶及使用其他術數時，有所依從。

我國古代政府對官方及民間陰陽學及陰陽官員，從其內容、人員的選拔、培訓、認證、考核、律法監管等，都有制度。至明清兩代，其制度更為完善、嚴格。

宋代官學之中，課程中已有陰陽學及其考試的內容。（宋徽宗崇寧三年〔一一零四年〕崇寧算學令：「諸學生習……並曆算、三式、天文書。」「諸試……三式即射覆及預占三日陰陽風雨。天文即預

定一月或一季分野災祥，並以依經備草合問為通。」

金代司天臺，從民間「草澤人」（即民間習術數人士）考試選拔：「其試之制，以《宣明曆》試推步，及《婚書》、《地理新書》試合婚、安葬，並《易》筮法，六壬課、三命、五星之術。」（《金史》卷五十一・志第三十二・選舉一）

元代為進一步加強官方陰陽學對民間的影響、管理、控制及培育，除沿襲宋代、金代在司天監掌管陰陽學及中央的官學陰陽學課程之外，更在地方上增設陰陽學課程（《元史・選舉志一》：「世祖至元二十八年夏六月始置諸路陰陽學。」）地方上也設陰陽學教授員，培育及管轄地方陰陽人。（《元史・選舉志一》：「（元仁宗）延祐初，令陰陽人依儒醫例，於路、府、州設教授員，凡陰陽人皆管轄之，而上屬於太史焉。」）自此，民間的陰陽術士（陰陽人），被納入官方的管轄之下。

至明清兩代，陰陽學制度更為完善。中央欽天監掌管陰陽學，明代地方縣設陰陽學正術，各州設陰陽學典術，各縣設陰陽學訓術。陰陽人從地方陰陽學肄業或被選拔出來後，再送到欽天監考試。（《大明會典》卷二二三：「凡天下府州縣舉到陰陽人堪任正術等官者，俱從吏部送（欽天監），考中，送回選用；不中者發回原籍為民，原保官吏治罪。」）清代大致沿用明制，凡陰陽術數之流，悉歸中央欽天監及地方陰陽官員管理、培訓、認證。至今尚有「紹興府陰陽印」、「東光縣陰陽學記」等明代銅印，及某某縣某某之清代陰陽執照等傳世。

清代欽天監漏刻科對官員要求甚為嚴格。《大清會典》「國子監」規定：「凡算學之教，設肄業生。滿洲十有二人，蒙古、漢軍各六人，於各旗官學內考取。漢十有二人，於舉人、貢監生童內考取。附學生二十四人，由欽天監選送。教以天文演算法諸書，五年學業有成，舉人引見以欽天監博士用，貢監生童以天文生補用。」學生在官學肄業、貢監生肄業或考得舉人後，經過了五年對天文、算法、陰陽學的學習，其中精通陰陽術數者，會送往漏刻科。而在欽天監供職的官員，《大清會典則例》「欽天監」規定：「本監官生三年考核一次，術業精通者，保題升用。不及者，停其升轉，再加學習。如能黽勉供職，即予開復。仍不及者，降職一等，再令學習三年，能習熟者，准予開復，仍不能者，黜退。」除定期考核以定其升用降職外，《大清律例》中對陰陽術士不準確的推斷（妄言禍福）是要治罪的。《大清律例．一七八．術七．妄言禍福》：「凡陰陽術士，不許於大小文武官員之家妄言禍福，違者杖一百。其依經推算星命卜課，不在禁限。」大小文武官員延請的陰陽術士，自然是以欽天監漏刻科官員或地方陰陽官員為主。

官方陰陽學制度也影響鄰國如朝鮮、日本、越南等地，一直到了民國時期，鄰國仍然沿用着我國的多種術數。而我國的漢族術數，在古代甚至影響遍及西夏、突厥、吐蕃、阿拉伯、印度、東南亞諸國。

術數研究

術數在我國古代社會雖然影響深遠，「是傳統中國理念中的一門科學，從傳統的陰陽、五行、九宮、八卦、河圖、洛書等觀念作大自然的研究。……傳統中國的天文學、數學、煉丹術等，要到上世紀中葉始受世界學者肯定。可是，術數還未受到應得的注意。術數在傳統中國科技史、思想史，文化史、社會史，甚至軍事史都有一定的影響。……更進一步了解術數，我們將更能了解中國歷史的全貌。」（何丙郁《術數、天文與醫學中國科技史的新視野》，香港城市大學中國文化中心。）

可是術數至今一直不受正統學界所重視，加上術家藏秘自珍，又揚言天機不可洩漏，「（術數）乃吾國科學與哲學融貫而成一種學說，數千年來傳衍嬗變，或隱或現，全賴一二有心人為之繼續維繫，賴以不絕，其中確有學術上研究之價值，非徒癡人說夢，荒誕不經之謂也。其所以至今不能在科學中成立一種地位者，實有數因。蓋古代士大夫階級目醫卜星相為九流之學，多恥道之；而發明諸大師又故為惝恍迷離之辭，以待後人探索；間有一二賢者有所發明，亦秘莫如深，既恐洩天地之秘，復恐譏為旁門左道，始終不肯公開研究，成立一有系統說明之書籍，貽之後世。故居今日而欲研究此種學術，實一極困難之事。」（民國徐樂吾《子平真詮評註》，方重審序）

現存的術數古籍，除極少數是唐、宋、元的版本外，絕大多數是明、清兩代的版本。其內容也主要是明、清兩代流行的術數，唐宋或以前的術數及其書籍，大部分均已失傳，只能從史料記載、出土文獻、敦煌遺書中稍窺一鱗半爪。

術數版本

坊間術數古籍版本，大多是晚清書坊之翻刻本及民國書賈之重排本，其中豕亥魚魯，或任意增刪，往往文意全非，以至不能卒讀。現今不論是術數愛好者，還是民俗、史學、社會、文化、版本等學術研究者，要想得一常見術數書籍的善本、原版，已經非常困難，更遑論如稿本、鈔本、孤本等珍稀版本。在文獻不足及缺乏善本的情況下，要想對術數的源流、理法、及其影響，作全面深入的研究，幾不可能。

有見及此，本叢刊編校小組經多年努力及多方協助，在海內外搜羅了二十世紀六十年代以前漢文為主的術數類善本、珍本、鈔本、孤本、稿本、批校本等數百種，精選出其中最佳版本，分別輯入兩個系列：

一、心一堂術數古籍珍本叢刊

二、心一堂術數古籍整理叢刊

前者以最新數碼（數位）技術清理、修復珍本原本的版面，更正明顯的錯訛，部分善本更以原色彩色精印，務求更勝原本。并以每百多種珍本、一百二十冊為一輯，分輯出版，以饗讀者。

後者延請、稿約有關專家、學者，以善本、珍本等作底本，參以其他版本，古籍進行審定、校勘、注釋，務求打造一最善版本，方便現代人閱讀、理解、研究等之用。

限於編校小組的水平，版本選擇及考證、文字修正、提要內容等方面，恐有疏漏及舛誤之處，懇請方家不吝指正。

心一堂術數古籍 珍本 整理 叢刊編校小組

二零零九年七月序

二零一四年九月第三次修訂

藜照堂傳

贗音雁偽假總也

獨立千古

註三字青囊經序

三字青囊經。姓名不著世代無傳。相傳玄女所傳。誕不足信。然其書辭簡而廣大悉備。文約而體用俱周。實地理之正宗堪輿之鼻祖。舊有傳文句。稱赤松子所撰。義與經旨。牵不相合。蓋後之無知妄作而偽托焉者也。而世共秘為金科寶為玉律。莫知其非。益幾千載矣。吾友云吾汪子。學貫典墳。洞徹義文。妙理心通。邱索深明。河洛淵源。見真經。而心符神會。探驪獨得領珠。覧偽傳。而剔贗鳌訛。懸鏡。輒呈妖魅。於是屏除贅說。黜去偽言。獨自研窮。恍似蠶叢。初闢。重為詮解。始見面目本來。從此權衡正羲。燎如引掌觀文。海角玄言。恍似披雲覩日。有太象。缺小象。周易。奚明。有素王。無素臣。麟經。終晦。作者為聖。述者為賢。闡前人久失之秘機。功何偉也。杜後世習趨之邪徑。德莫大焉。不揣鄙陋。聊誌數言。以明公好云爾。

旹

乾隆九年歲次甲子初夏後覺子樂山氏撰

現海角二字意蓋在平洋也

法五子者謂歷候甲子丙子戊子庚子壬子五行偏始於子辰故法之而以一白為最上也後人悞認遂有分金之說適八門者八卦有室有門室為本門為末而當令之卦不屬於室反屬於門故謂之適也後人悞認遂有適祿馬貴人之法以其方而言則帝出乎震以其物而言則雷在地中

九天玄女青囊海角權衡三

雲間云吾子汪宜燿士雲氏註

正經

天德純数乃遵 精炁從天

理順逆萬機神 一二三九八七

六甲運五賦行 各秉旺炁以布於四方

法五子適八門 最重是一白而秉一白之法却不在一白一白特為之門也 餘倣此

佈雷使察金精 金精謂水雷為陰中之陽故取以明水中之龍

旨趣以見天陽為地之所蘊故特聚於使雷使而必於金精察之也金精謂水而本諸天雷使謂天而寓諸地語意極精

法五行遁八門謂局炁佈雷使察金精謂來炁

審卦氣支統於卦也推三吉卦統於元也前言佈雷使此云震逆行語意已顯後人悮認遂有天父地母翻卦之說大抵前人言地理極精微極易簡後人言地理極猥瑣極支離

以元星配九宮似乎假借而宗非也九星主萬國九州豈於九宮之數反不可循其序以配之

合八門合字化遁字尤顯

御五炁攝九靈 五星九星皆以太極統御之

鋤畔逆超神眞 謂生尅制化有輔相裁成之妙

理氣經

位生氣眞宅靈 猶云宅神

審卦氣配九星 不講十二辰只講八卦

推三吉合八門 明言一二三為上元吉神四五六為中元吉神七八九為下元吉神所謂理氣也吉必合門為妙

地母變上化升 地母謂地炁變謂因水而變動趨不知動必不能上而化和

前言理順逆佈雷使山云震逆行語意已顯

長男震下逆行下行即是逆行以知之一二三與地之九八四合同

而化也

卽然而吉凶定言氣國於形不待穴場既定然後分方辨位而識龍之吉凶也

星巒經

方尖圓動直行土方火尖金圓水動木直所謂星巒也

時速遲流平渟一言山一言水

四望歸謂四勢皆合

八方層謂重〻包裹

或圓或曲或折或方不假人為是為怪異怪怪異故
都龍神居之若橫過直過則與平常之地同其形勢
而龍神渙散矣

行怪異秘內神

怪異衛葬書祕之特也

背幽關迎陽明

即坐衰向旺也幽必兼関
陽必兼明

青囊三字經終

第一節括盡地理之秘

葬經　晉弘農守郭

雲間云吾子汪宜耀士雲氏註

葬者乘生氣也

五氣行乎地中（逆天而下降復逆地而上升）發而生乎萬物人受體於父母本骸得氣遺體受蔭經曰氣感而應鬼福及人

是以銅山西崩靈鐘東應木華於春栗芽於室

祖宗之骨。原係先天之生炁結成。故能復受天地之生炁以蔭子孫。

言山地先看向前之水。平洋先看坐後之水。以驗結穴。次即看其藏風與否也。　平洋貴得水。山地貴藏風。此節即醒心篇所云十山不及一平洋也。山靜水動。故水之力尤速。尤大。尤奇。

止。謂息。內流神零散。是正結之翼衛。零散處亦有堂足之形。二者皆平洋地炁充足之故。

蓋生者、氣之聚。凝結者、成骨。死而獨留。故葬者。反氣納骨。以蔭所生之理也。

右第一章言陰基感應之理。

夫陰陽之氣。噫而為風。升而為雲。降而為雨。行乎地中。而為生氣。經曰。氣乘風則散。界水則止。

風水之法。得水為上。藏風次之。（次之之言不可忽視）何以言之。氣之盛。雖流行。而其餘者猶有止。雖零散。而其深者猶有聚。

邱壠謂平原岡阜謂山頂骨與支皆指石脉說
突而為石坼而為水皆土之形也此節統承上文
山地帶土之石夯有泥平洋有泥之土必有水節
亦統承上文以明藏風得水之可貴
外氣謂天陽內氣謂水石形即內氣之形生即外氣
之生二句曲盡交媾之妙

邱壠之骨岡阜之支氣之所隨
經曰土形氣行物因以生
夫土者氣之體有土斯有氣氣者水之母
有氣斯有水
經曰外氣行形內氣止生蓋言此也
右第二章言水石各有行止
夫氣行乎地中其行也因地之勢其聚也
因勢之止
葬者原其起乘其止

家秘本

地勢原脉。謂水。山勢原骨。謂石。委蛇東西。或為南北。千尺為勢。百尺為形。勢來形止。是謂全氣。全氣之地。當葬其止。宛委自復。回環重複。謂龍虎若踞而候也。謂山穴若攬而有也。謂水穴欲進而却。欲止而深。來積山止聚水沖陽山和陰水土高水深。鬱草茂林。吉地之驗貴若千

欲進而却、謂山穴龍虎前進而環抱。

欲止而深、謂水穴龍稟深蓄。

乘富如萬金

經曰形止氣蓄化生萬物為上地也

右第三章

地貴平夷土貴有支

支之所起氣隨而始支之所終氣隨而鍾

觀支之法隱隱隆隆微妙玄通吉在其中

經曰地有吉氣土隨而起支有止氣隨水而比勢順形動回復終始法葬其中永吉無凶

此承上章行止而言形勢以積聚為沖和之驗

地以本體言土以起脈言支謂石骨

形動謂結穴動處即止處回複終始謂龍虎之象與出脈同

審、廢、擇、相。即坐衰向旺之義。來謂龍脈清真。害謂朝應凶惡。上二句以坐言。下二句以向言。次序甚精。

乘、據也。凡結穴之地。山則盤看帶圓。水則橫看帶覓。即當據此定向。不可傾斜斜。所謂乘金也。相察也。五向之後。當察其土。土非水無以細潤。必細潤而後為真土。所謂相水也。古言金魚蟬翼。乃細潤之土。其文如此。俗多悞解。土真而後鑿穴。穴土謂金井必方也。印、合也。腦後受直來之氣。以周於身。似木星也。金土以形言。故可乘可穴。水木以性言。故宜察宜印。舉此四者。而生衰之為火在其中矣。

形勢不經。氣脫如逐。如逐言奔馳不已。

土圭測其方位。玉尺度其遠邇。

乘其所來。審其所廢。衰敗擇其所相。生旺

避其所害。

乘金相水。穴土印木。

外藏八風。內秘五行。即大玄空五行

龍虎抱衛。主客相迎。

微妙在智。觸類而長。

是以君子奪神工。改天命。

家秘本

山水一例。水之頑金、頑土。即童山也。靜水。即斷山也。茶槽謂之水。即石山也。擺頭不止。即過山也。一鉤一曲四面無環衛。即獨山也。

經曰。葬山之法。若呼谷中。言應速也。

右第四章言山龍。

山之不可葬者五。氣以生和。而童山不可葬也。

氣因形來。而斷山不可葬也。

氣因土行。而石山不可葬也。

氣以勢止。而過山不可葬也。

氣以龍會。而獨山不可葬也。

經曰。童斷石過獨。生新凶。消已福。

其原自天○言發脉於絕頂○水波馬馳○言屏帳重疊○來脉宜動○結穴宜靜○奔言其動○屍言其靜○萬膳言向前廳星○若橐以下○皆言結穴地形○

朝海拱辰○二者皆喻天光之向穴○

上地之山○若伏若連○其原自天○若水之波○若馬之馳○其來若奔○其止若屍○若懷萬寶而燕息○若具萬膳而潔齋○若橐之鼓○若器之貯○若龍若鸞○或騰或蟠○禽伏獸蹲○若萬乘之尊也○

天光○發新○朝海○(水)拱辰○(星)四勢(即四獸)端明○五害(即五不葬)不親○十一不具(言十之中有一不具)是謂其次○

右第五章、明山龍之高下○

此章支字指山龍之落平洋者言。

主客同情，真穴難辨。

来不来，坦中栽；住不住，平處取，如掌之義也。韓御黃

平洋必擇涸燥而葬之，山地平原必擇坦夷而葬之。

夫人之葬，蓋亦難矣。支（謂石脈）壠（謂平岡）之辨，眩目惑心，禍福之差，侯虜以分。

夫重岡疊阜（謂山）、羣壠衆支（謂地），當擇其特。大則特小，小則特大。

形參勢雜，主客同情，所不葬也。

夫支欲伏於地中（言山地），壠欲峙於地上（言平原）。

支壠之止，平夷如掌。

故藏於涸燥者宜淺，藏於坦夷者宜深。

此節引經之言山龍者以包水龍而下文遂專言水龍也
鼻顙吉昌即歸厚錄所云圖葬其口也鼻顙居中角目則偏耳致侯王即所謂方葬其耳也以鼻顙推之唇必遠水脫煞

凡地局各有前後左右不專指坎離震兌天元歌云本山定是結蛮頭是言山龍今與翔舞對是言水龍翔舞謂曲水則蛮頭為穴後低矣古多攀龍格故每以曲水屬朱雀蜿蜒馴頫皆穩貼之稱

經曰淺深得乘風水自成

右第六章　言山地及平原

經曰勢止形昂前澗後岡龍首之藏鼻顙吉昌角目滅亡耳致侯王唇死兵傷宛而中蓄謂之龍腹其臍（謂止水）深曲必後世福傷其胸脇（謂貽身有漏道）朝穴暮哭

夫葬以左為青龍右為白虎前為朱雀後為玄武玄武垂頭朱雀翔舞青龍蜿蜒白

此節即山龍以例水龍○

攀龍只作形應看○

朱雀隱指坎龍向前之水言○言本○諸○生○旺○之○氣○以○流○山○衰○謝○之○水○

肩○馴○順○　此承龍腹而言○

形勢反此○法當破死○故虎蹲謂之啣屍○龍踞謂之嫉主○玄武不垂頭者拒屍○朱雀不翔舞者騰去○不翔舞○謂硬直也○

夫以支為龍肩者○來○止○跡○乎岡○阜○要如肘臂○謂之環抱○

以水為朱雀者○衰旺係乎形應○忌夫湍激○謂之悲泣○

朱○雀○源○於○生○旺○流○於○囚○謝○

謂通行曲水。不必以西為源。以東為流。觀此二句。可知朝於大旺。澤於將衰二句、的係三合家杜撰添入。

穴粟、穴於粟也。山土不堅不細有似乎粟。封肉謂掘兆如封肉也。不涸而至於澤。則如封肉矣。

法每一折。瀦。而。後。洩。揚。揚。悠。悠。顧。我。欲。畱。

謂曲水。

其來。無。源。其。去。無。流。

經曰、地有四勢。氣從八方。四勢行龍。八龍施生。

右第七章、

言水龍。

夫土。欲。細。而。堅。潤。而。不。澤。裁肪切玉。備具五色。

備具五色。惟山穴有之。

夫乾如穴粟。濕如封肉。水泉砂礫。皆為凶、外氣。是向上之氣。也。此言山穴之所以細而堅。潤而不澤都以內氣之聚。來龍之止也。承上即以起下。外無以聚。言向上八尺或雜也。

宅。歸厚録云山若離骨。水泉砂礫

夫外氣所以聚內氣。過水所以止來龍千尺之勢。宛委頓息。外無以聚。內氣散於地中。經曰。不蓄之地。腐骨之藏也。

夫噫氣為能散生氣。龍虎所以衛區穴。疊疊中阜。左空右缺。前曠後折。生氣散於飄風。經曰。騰漏之穴。敗槨之藏也。

右第八章。此節言穴地。即山法以例平洋。

占山之法。以勢為難。而形次之。方又次之。

勢如萬馬○自天而下○其塟王者○
勢如巨浪○重嶺疊嶂○千乘之葬○
勢如降龍○水遶雲從○爵祿三公○
勢如重屋○茂艸喬木○開府建國○
勢如驚蛇○屈曲徐斜○滅國亡家○
勢如戈矛○兵死刑囚○
勢如流水○生人皆鬼○
形如負扆○有壠中峙○法葬其止○王侯崛起○
形如燕窠○法塟其凹○胙土分茅○

形如側罍〇後岡遠來〇前應回曲〇九棘三槐〇
形如覆釜〇其巔可富〇
形如植冠〇永昌且歡〇
形如投筭〇百事昏亂〇形如亂衣〇姤女婬妻〇
形如灰囊〇灾舍焚倉〇
形如橫几〇子滅身死〇形如覆舟〇女病男囚〇
形如仰刀〇凶禍難逃〇形如臥劒〇誅夷偪僭〇
夫牛臥馬馳〇鸞舞鳳飛〇蛇龍委蛇〇龜鼉魚
鼈〇以水別之〇牛富鳳貴〇騰蛇凶危〇形類百

穴形宜靜不宜動。四面應星亦然。

此節言元運。藏神合朔。謂水中有龍神與向上之龍氣相合。神迎鬼避。即收山出煞。

益下謂再加開鑿。

動葬皆非宜。四應前案法同忌之。

右第九章　言形勢。

經曰。山来水回。貴壽財豐。山囚水流。虜王滅侯。

蓋穴有三吉。葬有六凶。

天光下臨。地德上載。藏神合朔。神迎鬼避。一吉也。

陰陽沖和。五土四備。二吉也。

目力之巧。工力之具。趨全避缺。增高益下。

三○吉○也○

陰陽差錯為一凶○謂来脉出卦○

歲時乖戾為二凶○

力小圖大為三凶○

憑福恃勢為四凶○

僭上逼下為五凶○

變應怪見為六凶○

經曰穴吉葬凶與棄屍同○

右第十章、言吉凶○

家秘本

郭公之前。有青烏經。狐首經。黄石公青囊經。書中所引是也。爾時知元運者多。故在所畧。（郭公亦秘而不宣耳）而於龍脉星體特詳。然在一行之後。亦稍稍詭幷矣。特加釐訂。使讀者一見了然。未始非古今一快事。

乾隆甲子春蓂云吾子記

郭氏葬經終

改註遍地鈐序

華溪樂山劉子。好學深思之士也。經史之暇。旁及堪輿。其學一宗蔣氏。外此百家之書。靡不窮搜而探討之。凡正經之玄言奧義。固深之以鏤精抉髓。即雜說之殘編斷簡。亦重之以剔偽鉤真。如楊公遍地鈐。蔣公固心契之。而未經註也。葉氏漫加詮釋。其說辭多撫拾。義非經旨。劉子慮邪說之害正也。而為之釐正焉。屏除贅說。自出真詮。黜去偽言。獨申密諦。入曲探微。窮源達委。發楊公。牕外牕內之玄。纘蔣氏辨正辨偽之緒。非好學深思之士。烏能勝任而逾快乎。紫堤云吾汪子。是深得蔣氏之秘。而

家秘本

善註蔣氏之書者。予幸廁蔣氏之門。恒思截偽續真。闡前啟後。而才疎學淺。孤掌難鳴。今幸同志之有人。寧非天欲昌明斯道。而誕厥兩賢耶。茲以斯言質諸汪子。不知汪子以為然否。

旨

乾隆九年歲次甲子季夏牧城後學韓建中御黃氏拜手題

正遍地鈐註序

遍地鈐註出葉九升氏九升搜羅地理諸書一一詮釋彙梓行世名曰大成其意蓋以集大成自居也予觀其所集書則眞偽雜陳不知去取察其所撰註則訛謬乖錯有悖經旨我知其於斯道實未得眞傳正義故於眞機密諦茫乎其未曉也此篇刻為平洋之冠予恠以楊公經天緯地之書而遭不學無術之人附以臆解參以邪說世之讀此書者莫不奉為著蔡而不知其說之謬其害可勝道哉予幸得蔣氏之眞傳故能契公諦於世遠年湮今讀公之書無異與公晤對一室相視莫逆不為刪訂

偽註則公書為邪說所亂而正義不彰於是筆其是而削其非通其塞而補其闕庶幾闡發公之真旨用示後學津梁所愧者文藝未工難狀浪花漾月之妙義筆墨荒落未傳水遶花發之玄微但以詒我後人曷敢示諸當世深懼天機之輕洩秘之金匱以傳家因書數語以請正於汪韓兩同志焉

旹

乾隆甲子長夏後覺子樂山氏筆記

遍地鈐三字惟蔣公心契之

遍地鉗

雲間後覺子劉仁樂山氏改註

遍地鉗。遍地鉗。神仙妙訣要君傳。點穴須明。眞帶假節苞珠乳及窩鉗浪花漾月妙中妙。雲外飄形玄又玄此節言穴地

眞帶假。謂似是而非。毫釐千里之辨也。節苞珠乳及窩鉗。本山龍穴法。今言水穴。在山言山。在水言水。蓋水穴之形。初無異於山穴也。浪花漾穴者。謂水乃陰

中真陽所以滋育龍神養蔭太極者故必水城遶抱方為結穴之區又必渟蓄潤大方能光芒四映我穴其園水光蕩漾如浪花之漾月故曰妙中妙也雲外飄形者謂世但知山地則以起頂落脉為来龍平洋則以枝幹相乘為来龍不知此皆龍之雌而非龍之雄皆龍之所自來而非即此是龍蓋龍乃天陽之氣無形可見無迹可尋惟地之陰有以感

龍氣也陽也山水形也陰也故地之有龍猶形之於影轂之於響隨物而付有叩而鳴雲外飄形是道其宗不是形容譬喻之辭

召夫天之陽斯天之氣從空而來附於地之形故曰雲外飄形玄又玄也二句言陰陽交媾方成太極楊公因上文節苞珠乳之句恐人誤向實地講求故急接此二語眞精微玄渺之文也

問君何者謂之穴動靜其中生關節水邊花發水中紅腮外月明腮內白此節言穴法

形靜而實氣動而空一動一靜之間化機出焉所謂玄牝之門是為天地根故

此節從穴說到龍

家秘本

曰動靜其中生關節也。水邊花發二句。是裁穴之法。蓋穴不離水。即天元歌沾著水痕扦貼肉陰陽交度自生春之意。上句言穴影照水。下句言水光接穴神

火精云。善識火者。搆其光。上下四旁皆有芒。大近太遠。光不接。接得無傷百物昌。真穴法之要妙也。

只為識龍不識穴。脫丟下了之時兒孫絕。更有識穴不識龍。失胸下後家計似懸鐘。

平洋穴大地人不識○或在水邊或在石○或在
平田或在泥○或在沙洲與堆積○乘風氣散○
主○人○離○水○遶○羅○城○方○是○吉○
無水則八面風吹○水繞則八風頓息○
天下州城住向空○何曾撑住後頭龍○今人
不合古人法○誰道後頭無好峰○州縣人家
若怕此○千門萬戶怎生容○無明見者生疑
惑○不下空龍下死龍○死○龍○曾○似○空○龍○活○龍○
動○之○時○天○地○濶○不信但看州縣場○盡是空

以水為龍。是假托之辞。袒国母之血。非父之精也。楊公江南龍來江北望。早已説明。學者勿悮認空即是水。水即是龍。蓋水之空。宗而空者也。對待之空。曰水之空而空者也。宗而空者。乃迎龍首也。空而空者。乃真龍也。胡安国此篇之所謂空龍。其意實指水而言。我則作真空解。所謂别有會心。要有當於真諦而已。

龍活潑潑。潭州方圓八十里。十萬人家盡張西。不然也。去討多龍。所以難言空處。空衡在周回四十里。南山叢在西湖尾。家家空住向前塘。不信龍從何處起。此二節説龍

宋胡安國曰。小地上。空處無非天也。故一山上聳（陰交陽）地之上入乎天。一河下陷（陽交陰）天之下入乎地。世人但見為空。不知是天。故不明空中有氣。（其意是以水為空但水亦有盾之陰雖無形之陽不可不知）空之為龍也。抑知空實二者。一氣貫通。在空則無形（隱晋）為陽在宗

家秘本

則有（得）質（旨）為陰上極蒼昊下極黃泉無乎
不充然不皆結穴者以不得陰陽之交
結也必空（氣）抱宗宗（形）抱空合成一太極方
是陰陽之交結為龍之動也合陰陽而
成一穴（有）其（形）宗處（陰）有來有止而為龍其空（無）
處（形）亦有（陽）來有止而為龍也但實龍人所
共知空龍人所難曉故公指明之一處
之空與天空相通一處動則天空咸動
故曰龍動之時天地瀾（潤）也

家秘本

世人也有佳空龍。龍在空時總有功。背後[枕云]水從生旺起。兒孫世代不教窮。[此節從龍說到水][背後水來生旺氣也]穴。後坐零神之水。正所以迎向前生旺。之氣。非眞有生旺之水起於背後也。此指明對待之義。正空龍之根蒂。若以辭害志。則謬以千里矣。

人言側背是黃泉。誤了人家萬萬千。不信但從仙跡驗。後頭冲水出神仙。仰山南嶽廟龍基。世上時師那得知。只為水冲龍脊

此即入極無神樞所謂翕聚也外來之氣不散到我近身須有一口吸入我腹然後成胎不然不結為之走馬穴不能發格福

背○四方朝拜不曾離○

此節因世人不知坐水之法○而并示人以冲水之法也○若○非○坐○後○有○直○來○之○曲○水○安○得○向○前○有○生○旺○之○真○龍○但○楊○公○後○坐○曲○水○必○貼○穴○另○開○一○枝○小○水○橫○界○穴○後○而○後○坐○之○如○無○小○水○界○抱○即○犯○漏○腦○之○病○而○貽○害○無○窮○矣○茫茫千載○此訣從無知者○至蔣公而一朝剖露○造○化○玄○機○於○焉○盡○洩○石○破○天○驚○鬼○當○夜○哭○後○學○可○

不○秘○之○哉○

天下江心與海心○君山常在鑑中行○橘州水陸金山寺○更有公安與洞庭○雁峯石鼓朱陵寺○下有滄浪可濯纓○人傑地靈多秀氣○發高請舉占科名○杜甫盧仝李白祖後頭盡以水為隣○此人不比凡流輩○畫是鷺天動地人○ 二節說水

四面團團水繞屋○於中有穴食天祿○ 總結宜說

此言水中結作○多成貴局也○今人一見

水心獨坼便云無脉不知江南平洋何地不在水中而人財蕃盛如此譬以大輿言之外包以天攙然中處上半充之以氣下半承之以水故四海圜環大輿者皆水也天居外地居内二者相依附而不相聯絡是大地固渾然而無來脉者也寧得曰大地無脉而無氣乎蓋地之氣即天之氣也天地一氣相貫故大地不必有脉而自有氣學者識得陰陽

非二物天地只一氣方能恍然於楊公空龍之義也

不惟運祿秦雲輪此句必有訛字并上下亦有闕文

别自乾坤一卷書

世之實地求龍者迷惑於高低起伏之迹雖告以平洋之眞與龍猶然河漢而無極也茲取遍地鉗盡剖其奥麻共知楊公蔣公的是一脉相傳汪云吾識

遍地鈴終

闡幽為雪江野客所作。雪江埜客。不知其為何許人。觀其書。是得書而未得傳者。故其言合旨者固多。而悖旨者亦復不少。我欲毀其書。則不忍沒作者苦心。存其書。則又慮後人之貽誤。於是存其是者。而改其非。不敢自謂有是而無非也。或者其是多而非少乎。九原有知。將知我也。惟爾。將罪我也。亦惟爾也已。

旹

乾隆甲子天中節後覺子樂山自記

劉樂山

後覺

家秘本

蔣公盤式

闡幽

原本雪江野客著

雲間後覺子樂山氏刪訂改正

蔣公原銘

俯察之理○本乎洛書○父母六子○

範十二支○三爻成象○位參干維○

三八品配○道盡無遺○後愚妄作○

淆亂日滋○芟邪表正○易簡昭垂○

家秘本

一用盤必用蔣盤。凡收水點穴立向。俱用正針。若與俗下外盤收水。則干支卦位。必多差錯。而害不勝言。

一擇地先看星體端正。而後可言理氣。

一是書所最重者元運。元運不合。雖星垣皆好。理氣清純。亦未可用。

一立向不可立兼向。在本宮猶且不可。出卦大忌。世俗分金之說。當一切掃除。

元運收氣正圖

元運以一百八十年為一轉○分三甲子為上中下三元○一白二黑三碧管上元○四緑五黃六白管中元○七赤八白九紫管下元○值元當令為旺氣○初失元為平氣○再失元為煞氣○得旺氣吉○得煞氣凶○

元運收水對待圖

此三元對待圖也。如上元一二三為旺氣，必下元九八七之水來，斯一二三之旺氣乃真。所謂陽順陰逆此也。所謂父母二卦顛倒輪此也。所謂倒排父母蔭龍位此也。務須節節細察其骨之純雜，而定其吉凶。此青囊雌雄交媾之妙用，天干翻天倒地之秘旨也。

家秘本

平洋以水為龍。此指龍之雌者言。葬山坐實葬水坐空同一義。因水認龍。此指龍之雄者言。山水同此對待而已。

楊公看雌雄法

雌雄。陰陽之別名也。水屬陰。氣屬陽。葬地之道。乘天陽之生氣而已。然陽則無形可見。陰則有迹可尋。看雌雄者。將以有可見之雌。看無可見之雄也。

先看金龍動不動

蔣註云、金龍者。乃乾陽金氣之所生。則金龍即水道也。動不動。謂有曲折轉灣及枝條槎枒。交會止息。則謂之動。若直來直去。

家秘本

是歸厚錄所謂勁直死龍耳○豈得謂之動乎○此○句○只○看○水○道○之○形○象○下○句○乃○及○於○方○位○俗以辰戌丑未暗金水口為四金龍者非是○

次察血脉認來龍

血脉○即金龍也○察○察其來之方位也○金○龍○既○動○便○當○察○其○來○路○而○定○其○為○何○卦○之○龍○乃○可○秉○元○取○用○蓋○來○龍○本○無○可○認○察○血○脉○即○所○以○認○來○龍○此即陰陽對待雌雄交媾○

玄竅相通之妙義楊公特引而不發耳

水對三义細認踪

此即所謂城門一訣也二水相交必有三义是入手第一件要緊事水對三义細認踪即察血脉認來龍之義葢幹水入枝之口即來龍之發足來龍宜在穴之後偏故註謂三义為後城門時師不知此義每於直來之水向之立穴是誤認本文對字而犯直衝之煞也或坐之立穴是誤認註中

後字而犯漏腦之煞也。不知此一條。只是尋龍之法。不是立穴之法。此輩不得真傳。終身迷謬。良可憫也。

江南龍來江北望

江南江北。以雌雄兩片之對待言也。雌自江南來。雄必自江北至。江北望者。望江北之雄也。其實。（無形可見）江北之雄。（無迹可尋）無可望。望江南（只有形）正所以（求無形）望江北。此楊公看雌雄之秘訣。玄空大卦之妙用也。

此條與指背後水從生旺起同義。

朱雀發源生旺氣

朱雀發源者。水之來源也。生旺氣言。朱雀發。發源。源之。之水。水來。來生。生我。我之。之旺。旺氣。氣也。也。水無生旺之可來。若水果從當令卦位中來。便犯煞氣而凶不可言。天玉云、若遇正神正位裝。發水入零堂。可知龍。以旺。為旺。水以。衰為。旺。古多攀龍格。此句是指上元統龍而言。

四十八局

蔣註云、二十四山。一順一逆。共成四十有

八夫所謂順逆非偽說順轉左旋逆轉右旋之謂也蓋即雌雄對待之義有一雌即有一雄二十四山互為雌雄一山兩局非四十八局乎

陽從左轉陰從右通

此即陰陽對待之義精氣從天精氣是陽故曰陽從左轉胎息從地胎息是陰故曰陰從右通左轉右轉以數言不以位言左邊右路只是對待之象非左順右逆之謂

元。運。指。陽。而。言。俗以左旋右旋分陰。陽。謬以千里。

陰陽相見兩為難

四陽卦為陰。四正卦為陽。上下元三卦。皆一陰二陽。局。中。必。陰。陽。全。備。方。為。上。格。非如談淨陰淨陽者。拘於一山一向。必盡去其陽而獨存其陰也。故曰陰陽相見兩為難。一山一水何足言。

山上龍神不下水

言山。自山。水。自水。山山以之來落為龍神。水以水之來源為龍神。兩。不相。兼。也。寶照云．穴見陽神三摺朝。此地出官僚。蓋借朝水以証山龍之盡結。非水裏龍神忽然上山也。讀者勿誤認。

前後八尺不宜雜

此。言。堂。氣。局。氣。註云、八尺言其最近也。此乃立穴之秘機。須用長線打准貼穴之水。入。處。盡。處。前。後。左。右。俱。要。極。其。清。純。若。雜。

楊公不言平兩水相交穴受風無楊公為山龍言之此則乃平洋言之也

他卦便非純乎生旺矣來氣之遠窮諸百里堂炁局炁之近辨以八尺語意儘明白況有更有二字別之不得誤認八尺為來情之到頭第一節

水發城門須要會

城門謂貼身小水之入口鷥喻私水雁喻公水言同是水而有公私之別其交會如鷥雁之一往一來也

第一義要識龍身行與止

龍身行止。從何處辨。辨在小水之有無而已。有小水。則為收攝而止。無小水。則不翕聚而行。水龍變態不一。而行止之辨。大約如此。

第二言來脉明堂不可偏

來脉者。來水也。如水來自離。則是坎龍水来自兌。則是震龍。蔣公來情篇所載是也。明堂者。堂氣也。如近離水為坎局得坎氣。近艮水為坤局得坤氣。蔣公注受篇所載。

是也不可偏言來脉辨骨明堂辨方二者當兼而收之不可偏廢也

第三法傳送功曹不高壓

傳送功曹乃左右輔弼也最喜平夷若有高突即掩蔽陽和房分不利

第四奇明堂十字有玄微

明堂十字即穴內十字十字有縱有橫縱則因局定向橫則依水立穴穴前半屬陽後半屬陰而左右皆公位故從後半另開

家秘本

小水必裁其廣狹長短以定此十字所謂有玄微也。

立穴之道。端正為貴。形局子午。坐向亦宜子午。形局乾巽。坐向亦宜乾巽。若子午形局而作乾巽山向。便滿局多成火曜矣。蓋正形正坐。雖小地亦能發福。所出人丁。皆端方愷直。豈非美事。立向一偏。衆煞交攻。瘟癀盜賊。俠邪淫亂。無所不至。得元猶可。失元不救矣。

如子午局作乾巽山向則水之直朝者為斜飛矣水之後抱者為反竄矣本局之界割者成八字形矣甚矣雙山三合之誤人也

立穴固有偏左偏右之法然所謂偏乃移左移右非偏向之謂也醒心篇云恨殺時師下斜穴欲朝客宿遠峯占本局歆斜純煞氣囑君此語緊牢拴

第五妙前後青龍兩相照

謂前高後低。左右平坦。如幕師三堂四勢式是也。

第六秘　八國城門鎖正氣

八國。謂八方界抱之水也。八國不滿之處。是為城門。以零神之水。鎖正神之氣。故曰鎖正氣也。此城門非水發城門須要會之城門。彼以三叉言。此以實地言也。彼則來情之所由入。此則局氣之所由進。二者不可誤認。

此十字以數言天心尋十道。是尋堂氣局氣之十道。不可誤認為外氣。

第七奧要向天心尋十道

蔣註云、天心十道縈頂八國城門來益城門既定正氣之來蹤又當於穴內分清十道乃知入穴正氣廣狹輕重銖兩平衡之辨此條須細玩此一局之內何者是旺氣何者是平氣何者是煞氣合局細細尋求必旺勝於煞而後可倘煞旺平衡便當控制故曰奧也

第八裁屈曲流神認去來

流神屈曲。水勢合格矣。然去來之地。不可不認。認去來者。非重去與來之別也。重去與。來之。水。屬何。卦。氣也。若水之去來。無甚分別。得元則來固吉。去亦吉。失元則來固凶。去亦凶。不過畧有輕重之殊耳。

流神屈曲。必有向背。向我為來。背我為去。既去復來。結氣愈厚。如葬經所謂揚揚悠悠。顧我欲留。乃妙。須於穴上認之。

天玉三卦

三卦。上中下三元也。楊公三分九宮為三大卦。曰玄空。曰東西。曰南北。曰父母。皆其別名也。此天心之奧。而舉世皆茫然者矣。

江東一卦從來吉八神四個一

江東一卦者。兌卦也。水從震來。氣從兌至。倒排父母。故名之曰江東。實指江西也。八神即八卦。四個者。數至第四位而更起一父母之卦也。一者。一元也。此卦力量淺薄。只能管一卦。不能有餘力兼管他卦。所以

謂之一也○

江西一卦排龍位八神四個二

此指中元巽卦而言也○坎至巽為第四位○故亦曰四個○二者○謂此卦能兼旺於下元○（亦只二十年）故曰二也○

南北八神共一卦

此指上元坎卦而言也○不云四個者○此卦安然自起○不經位數○不同於東西二卦也○註云此卦力量最大○能包涵三卦○總該八

神。為八卦之統領。又非四個二之比也。
坎離八卦之統領。然必兼収輔弼宮龍
神。乃能三元不敗。否則九紫當令之時。
亦所不免。此又挨星秘中之秘。所謂収
得輔星成五吉。山中有此是真龍也。

三陽水向盡源流富貴永無休

三陽者。丙午丁也。倒排父母則壬子癸一
卦也。盡源流者。言自近及遠。皆不出卦也。
以。三。陽。之。水。而。能。盡。其。源。流。自。然。三。元。不。

敗。矣。

三吉六秀

三吉。父母也。六秀。子息也。天玉以卦之中爻為三吉。卦之旁爻為六秀。並不忌辰戌丑未水。或曰、四水在失元時為禍更烈。夫失元之水。何者不能為禍。寧獨四水之足畏乎。

三才六建

三才。即三吉。六建。即六秀。水龍經六建圖

非是○

零神正神

青囊天玉○俱以值元為正神○元之對為零神○經言若遇正神正位裝○發水入零堂○蓋以零神裝在水上○以正神裝在向上○則雌雄○兩○得○其○妙○矣○此収山出煞之秘要也○

零堂正向須知好認取來山腦

坐後為上堂○穴前為中堂○外案為下堂○零堂○謂上○堂○中○堂○下○堂○皆○有○零○神○之○水○正○向○

謂向前正神無水來衝零正皆以來山為斷

正神百步始成龍水短便遭凶

此言向前宜寬廣也擄生入之法正神當裝在向上若明堂逼窄不及百步於正神豈無虧損爭水短便遭凶此指直來之水非橫過之水正神位上有水便占他元煞氣故雖短亦凶　向前是龍神便是龍位舒轉龍位即所以保護龍神

父母子息

卦為父母。左右兩爻為子息。八卦皆然。此定理也。天玉青囊。重父母而輕子息。蓋父母居中。易清而不雜。子息居邊。易駁而雜純。故也。其實三爻原相伯仲。但得令有早晚。發福有輕重耳。

龍中交戰水中裝便是正龍傷

平洋以水為龍。水乃龍之雌者。而實雄龍之所自來。故水中交戰。則為正龍傷矣。正

家秘本

龍者龍之雄者也。註以為入口交戰最是。非入口之交戰安得謂之正龍傷乎。蔣公云來情若在真元位。諸局參差一半輕。故八極神樞亦以來情清真為第一義也。

五行若然翻值向　百年子孫旺陰陽
配合亦同論　富貴此中尋

五行二字。作值元旺氣解。凡山地平洋皆不可坐旺。山以石為主。坐旺便犯煞氣。平洋以水為主。其坐旺不皆犯煞。故告之曰

山地必須旺運值向方可發福若平洋坐旺但須向上有水來朝即為陰陽配合而與山之五旺向者同論矣

干維乾艮巽坤四〔父精〕陽順星辰輪支神

坎震離兌四〔母血〕陰卦逆行取

謂干維乾艮巽坤而果為天之陽也則當順輪支神坎震離兌而果為地之陰也則當逆取其意歸重父母而以壬癸為龍水之別名隱然以壬癸為陰陽不以干支為

陰。陽。也。挨星只是元運。不分龍水。此以壬。癸。二字。分出龍水。故曰秘中秘。

精氣從天。陽也。故當順輪。胎息從地。陰也。故當逆取。八卦二十四位。俱互為陰陽。非干維屬陽。而支神屬陰也。蓋陰陽非有一定之位。故順逆亦無一定之規。如支神坎震離兌。而為天之陽。則又當順輪。干維乾艮巽坤。而為地之陰。則又當逆取。所謂父母二卦顛倒輪者。此也。

所謂翻天倒地對不同者。此也。總之順逆從陰陽。不關干支。俗術不識此義。謬將干支字面。硬別陰陽而分左右旋。真是癡人說夢。而彼且為月窟天根在是也。哀哉。

甲庚丙壬俱屬陽順推五行詳乙辛

丁癸俱屬陰逆推論五行

此章與前章干維乾艮巽坤壬陽順星辰輪同義。蓋楊公以己之所謂陰陽。換世俗之所謂陰陽也。世俗以雙单為陰陽。楊公以衰旺為陰陽。元內者為陽。元外者為陰。言若在元內當順而向之。若在元外當逆而背之。逆而背之。謂坐其水也。

陰陽順逆不同途　須向此中求

言以衰旺為陰陽。向背為順逆。與俗術以雙单為陰陽。左旋右旋為順逆。其途不同。學者當於不同處求之也。

九星雙起雌雄異　玄關真妙處

家秘本

雌雄。即陰陽。每一星有時而為雌。有時而為雄。與二十四山雙雙起同義。

乾山乾向水朝乾乾峯出狀元

乾山乾向水朝乾。猶云乾山巽向。巽水來朝。中元取兩頭水。再得乾水。則中黃氣旺。而大魁可必矣。平洋以水為峯。故曰乾峯。

下三局倣此。

北斗七星去打刼離宮要相合

離宮要相合。即坎離水火中天過之意。

倒排父母是真龍

水與龍反為倒水擬於龍為順

立穴動靜中間求須看龍到頭

蔣註云水動物也地靜物也水之所止即是地氣所鍾一動一靜之間陰陽交媾所謂玄竅相通也其義已明然又須知地水本一物而謂之交媾者以胎息屬水以精氣屬地而為言也

水地不相離凡龍腹穴水於此處轉則地

氣必於彼處入。凡龍頭穴。水自此而止於彼。則地氣必自彼而泊於此。所謂玄竅相通也。

天元宮

子癸午丁天元宮。卯乙酉辛一路同者。天開於子。故以子午卯酉為天元。天元宜專言子癸卯乙。而兼言午丁酉辛者。子癸卯乙。乃天元之龍法。午丁酉辛。乃天元之水法也。若有山水一同到。半穴乾坤艮巽宮者。以龍水之駁雜者言之。若子午卯酉出脉。而與癸丁乙辛同到。則穴固在坎離震兌宮也。惟癸丁乙辛出脉。則穴雜於乾坤艮巽宮矣。故格入首之龍。必的確四正。出脉方純。乎天元也。取得輔星成五吉。山中有此是真龍。註云。末二句輔星五吉。指天元宮最清者言。此語極精微。天元之龍。三元並旺。而註謂收得輔星。可兼兩元龍力者。何也。天元地元。相對相反。坎龍必替於離運。坤龍必替於艮運。震龍必退於兌運。隨。其。所。收。之。龍。而。取。彼。之。輔。星。以。匡。扶。不。逮。謂。之。兼。兩。元。龍。力。正。明。其。三。元。不。敗。也。惟。三。元。不。敗。所。以。謂。之。真。龍。

地元宮

辰戌丑未地元龍者。地關於丑。故合辰戌丑未為地元也。乾坤艮巽夫婦宗。言四支在乾坤艮巽卦內也。甲庚壬丙為正向。脉取貪狼護正龍者。庚丙為地元之龍。法。甲

辰戌丑未四𣅜。惟丑屬地元。丑為地元龍。未為地水元。水至辰戌。實與地元不涉。而楊公並舉之者。蓋亦猶之無極真人中元口訣中二八來朝生意發之意也。

家秘本

壬為地元之水法。天元可兼地元。人元可兼天元。獨此元僅可兼貪狼龍氣。不能廣収五吉也。

楊公不滿地元。故舉四隅之辰戌丑未言之。世俗每以丑艮為夫婦。辰巽為夫婦。皆夢語也。其實丑與未。辰與戌。相為夫婦。而乾。坤。艮。巽。獨為之宗。則下元三卦。亦以父母為貴。可知。甲庚壬丙為正向。便作子午卯酉看。脉取貪狼護正龍。或離上有蔭水。

或抱水皆是

汪云吾云甲庚二句當以騎龍穴叅之向前丙水即貪狼也直指甲庚壬丙為正向益徵示上文辰戌丑未乾坤艮巽之非正語也

人元宮

寅申巳亥人元來者人生於寅故合申巳亥為人元也四支之中巳亥固屬人元至寅申則與人元無涉無極真人口訣云即

今與汝中元訣。二八來朝生意發。要知四六兩頭關。五郎從此投胎着。註云、中元甲子用艮坤幹水。發出枝水。非巽即乾。乾水可納巽氣。巽水可納乾氣。故曰二八來朝生意發。用乾巽兩水納五黃中宮氣。故曰四六兩頭關。五郎從此投胎着。楊公之四支並舉。葢亦猶此意也。乙辛丁癸水來催者。辛水納乙龍。丁水納癸龍。皆天元之局。人元之所當兼者也。觀節末二句。知節首一句當是艮坤巽乾人元來然既以寅申巳亥為四正自以乙辛丁癸為四隅明其四面有水為中黃之局若是壬亥來脉宜立亥向更取貪狼小水以成五吉若是巳丙來脉宜立巳向則更開寅坤申艮之門以收納之然畢竟是偏氣不若父母來脉為妙註曰巳屬巽而反曰天門亥屬乾而反曰巽風顛倒裝成其托意微而且幻其所謂托意微者以偏氣宜向不宜坐也不

煞○註何不即以向天門為夾向○巽風吹為巳向○

中元必四六兩頭關○乃為上格○若但一頭有水○只筭次格○

兼宮之說宜細參○上元之龍○於中元正發○當於局內收之○不得以平氣目之○而僅收於外局○下元時○中元之平氣已失其吉○上元之煞氣更值其凶○惟兼收貪狼一脈○可以保元外百二十年之退運○然已不得為

全美矣。

楊公隱語。以正氣純氣為天元。以四隅氣為人元。以雜氣為地元。其。中。高。下。自。見。蔣註所謂隱然天元之妙理。引而不發也。

貪狼原是發來遲坐向穴中人未知

兼。宮。宜。遠。不。宜。近。故人地兩元所兼之貪狼。或為穴中所坐。或為穴中所向。俗眼不能識也。惟遠故發來遲。

客在西兮主在東

蔣註云主客猶云夫婦實指陰陽之對待山水之交媾山水二字只是隱語山自山水自水未嘗相為交媾也又陽水陰山相配合山水二字亦是隱語讀者須知

城門一訣最為良

城門有二此城門專指三义城門即穴體五星之命脉來情之所畢會也收山出煞皆係乎此要的真父母的真對待與龍身出脉無異故註以為一家骨月血脉貫通

而水發城門須要會之語。可由此恍然矣。

夫婦同行脉路明須認劉郎别處尋

夫婦同行脉路明。指大水。言曲。折。不出宮。所謂脉路明也。須認劉郎别處尋。指小水。言。結穴不於大水而於小水也。大水曲。折。生。動。之。氣。盡。收。入。小。水。以。蔭。穴。內其發福可知矣。劉郎别處尋。三字須細參。如上元丙午丁水夫婦同行。則小水入口。非酉水。即艮水。同一酉水。而其曲入有坤艮乾巽庚甲辛乙之殊○庚甲辛乙則合○坤艮乾巽則不合○同一艮脉○其曲入有坎離震兑丑未寅申之殊○丑未寅申則合○坎離震兑則不合○註云、此○宮○不○合○別○尋○一○宮○深○得○尋○劉○郎○之○法○矣○大水與小水一家骨月○血脉相連○但須穴後有水以蔭之○焉用水口砂以鎖之○此平洋之異於山龍處也○

發龍多向支神取

發龍多向支神取○謂四正卦也○若是干神○

必有以制化之。非如支神之清純而即可取矣。即如壬子癸三字。而真假皆在其中。子兼癸則真。壬兼子則假。雖制化有方。然已不得謂之天然穴矣。乾坤艮巽雖處四隅。苟其水來當面。的是巽水。的是艮坤水。便是真龍。而迎神引氣。盡屬天然矣。可知發龍出脉總以父母為貴。

四大水口 以下二條辨正所無

水口。即三乂城門也。以四隅言則四。兼四

正言則八分。二十四山而言。則二十有四。非辰戌丑未之謂也。

蔭龍格

蔭龍形體。當稍〻匾濶。而四角亦不宜太方。立穴必對池之正中。少偏左右。則収氣不清。且欠端平矣。若立穴歪斜。為禍更烈。尤當慎之。

凡坐池水。必量准水面之濶狹而後立穴。太近則氣促。太遠則氣脫。神火精所謂太。

近○太○遠○光○不○接○也○遍○地○鈿○云○水○邊○花○發○水○中○紅○牕○外○月○明○牕○內○白○嗚○呼○至○矣○

闡幽改本終

家秘本

雪江野客原本

挨星訣論

挨星云何。即挨元也。貪巨禄為上元主運。文廉武為中元主運。破輔弼為下元主運。此以天意為轉移。非可以地局強位置之也。辨正註曰、天玉青囊。既重挨星生旺矣。運有生旺。星何以亦云生旺。此即星即運之一証也。又曰、玄空大卦五行。即挨星五行。其証二也。又曰、言天地。言東西。言玄空。言父母。言挨星。名異而實同。其証三也。又曰、此五行原本洛書九氣。氣即運也。豈別有他岐乎。又曰、九星八卦。本無不吉。而有時乎吉。本無有凶。而有時乎凶。豈非指元運而言乎。又曰、真知九星者。豈惟貪巨武為三吉。即破祿廉文輔弼。亦有吉時。時字何指乎。豈非明指元運而言乎。又曰、一白配貪狼。二黑配巨門。三碧配祿存。四綠配文曲。五黃配廉貞。六白配武曲。七赤配破軍。八白配左輔。九紫配右弼。此天玉玄空

雪江楚客不知辰字是代中字故指辰為文

之定理也。由此而觀。則貪狼之為一白。巨門之為二黑。蔣公已明目張膽喚醒後人矣。又何疑乎。且青囊奧語曰、坤壬乙巨門從頭出。艮丙辛位位是破軍。巽辰亥盡是武曲位。甲癸申貪狼一路行。而其註曰、一例者。其意不過曰坤固巨門而壬貪乙祿。癸固貪狼而甲祿申巨。皆上元之卦而與為一例。辛固破軍而艮輔離弼。皆下元之卦而與為一例也。亥固武曲。而巽文辰文廉

家秘本

皆中元之卦而與為一例也首句獨言從頭出者則又明指句中第一字為巨門舉一坤以例其餘也此尤即星即運之証據而無一毫之擬議矣或曰非也此九星之板格也八卦定位九曜飛行變化之道必不若此余以為凡事可以言變化而惟星則終古如斯而不可以言變化言變化者莫若八卦掌訣一貪狼也可以坤可以震一巨門也可以巽并可以离不知變化愈

甚。理。氣。愈。非。將以九星之分野言。貪狼在北坎。不能移。之坤震也。將以九星之飛行言。一日一夜一周旋。不能繫。之使頃刻不去也。余故曰。此法。之巧。而非。理。之正也。且一白之配貪。二黑之配巨。所謂即星即運者。豈得謂死板格哉。先天之卦。則乾兑離震巽坎坤艮。後天之卦。震巽離坤兑乾坎艮。今不隨先天後天之卦左旋右旋。而隨九氣飛行。則已極變化之至矣。要之日月

五星所談者大要以元會運世為變化耳如以地局位置之竊恐指之不來麾之不去可奈何豈容顛倒錯亂之僞術可得而妄托哉

云吾子云其論未嘗不是然純是懸猜臆度之辭可知其未得真傳也

後覺子曰此篇雖屬猜度之辭然於理無甚乖謬故仍其舊而不為更改

西浦後覺子著

一星體

天有五星。地有五行。在天成象。在地成形。金員、土方、火尖、木直、水曲。此五星之正體也。平洋只取金土水為三吉。而木火不用。以尖直之形。其性剛暴。不能無煞炁故也。

二龍神

龍者借名。非真龍也。亦曰。一。元之氣。而已。氣本純陽。龍亦純陽。龍善變化。氣亦善變

家秘本

化以其相類故借名也知龍之為氣可知是無形可見無跡可尋者矣知龍之為陽可知山水土皆陰而非龍矣然陰之所在陽必求之故無形之陽恒寓於有質之陰惟楊曾洞徹陰陽對待雌雄交媾玄竅相通之妙故其言曰細察血脉認來龍又曰江南龍來江北望江西龍去望江東開千古未發之秘其示人以有形之陰質求無形之陽氣陰在此則陽在彼陰在彼則陽

在此之要妙可謂深切著明矣奈何世人迷而不悟猶以高低起伏轉關過峽者為龍也夫以實為龍非但不識平洋之龍亦并不識高山之龍悠悠天下無非矇瞽可勝嘆哉

凡看来龍須細察其来脉或父母或子息或父母兼子息或子息兼父母一卦者為純兼卦者為雜天元歌云八卦三元并九曜毫釐差錯落空亡又云只把

家秘本

傍龍一卦藏。莫憑三八分條理。識得九龍龍骨真。骨若不真飛不起。又云、天元既辨龍神旺。九曜不純龍力衰。其純雜不可不辨也。如節節父母出脉。必無駁雜之病。又父母兼子息。猶可。若子息出脉。必雜他卦而犯差錯矣。歸厚錄辨清辨雜之語。真喫緊秘要也。

三堂氣

堂炁即局氣也。以貼身所近之水為主。不

論前後左右皆為局焉如近離水為坎局得坎氣近乾水為巽局得巽氣此其大畧也如離水涉未則坎局兼艮離水涉巳則又兼乾局焉不清禍福其有憑乎蔣公所謂既知辨局更畏失胎者此也必細按發機之水入口得何氣止處得何焉我穴其圜左右並歸必卦氣清純旺勝於煞斯為全美倘煞旺平衡便當控制青囊之前後八尺不宜雜天元歌之定局惟看貼水城毫

家秘本

釐尺寸要澄清皆言堂氣也下局可不詳審乎

四朝向

凡水當面来而曲者曰朝寶照云出峽結成玄字樣朝来鸞鳳舞呈祥盖言本身来龍之水曲揖而入當面朝迎抱歸穴後而（此是向水拳龍格）止也或非本身之水另有一枝客水曲揖（此是倖乘格）逆入朝迎至我面前而止或轉左右遶穴而去皆是總要之玄屈曲節節整齊不雜

不亂為妙

五形局

謂抱穴水城之形局也○結穴有龍腹龍首之不同○必有蔭龍之水遶抱而成太極○其形必如玉帶如半月方妙○龍首穴或無蔭龍水其頭必特大有垂乳啣珠之象方成形局○水城既妙○又當觀其實地城門并道路何如總要方員端正畧無傾欹逼窄殘缺乃為全美

六高低

即幕師千里眼之法。穴前要漸遠。漸高。左右要平坦。穴後要漸遠。漸低。如天柱輔弼上有墩阜屋宇障蔽陽和欺壓坟塚。大損人丁。不可不慎。

七外應

謂星垣之外。遙遠之處。或大湖大蕩。或高峯寶塔之類。雖遠亦有關係。

八翼衛

言○垣○局○也○星體既妙○更須垣局周匝○前案後托○左右輔弼○須層層包裹○環抱有情○畧無反背斜飛冲射為妙○

九緊密

此○合○內○外○局○而○言○也○緊則氣聚○密則氣固○如形局曠蕩○則氣亦曠蕩○天元歌俗○眼○只○嫌○結○局○小○個○中○生○意○满○乾○坤○言○星○體○之○緊○密○也○更○有○沓○龍○從○外○護○愈○多○愈○美○酒○添○酥○言○垣○局○之○緊○密○也○重重息道○層層關鎖○星

垣兩好○斯為大地○

十元運

元運者○上中下三元輪轉之運○上元一二三管運○而一白為總統○中元四五六管運○下元七八九管運○三元循環輪轉○值元為旺氣○初失元為平氣○再失元為煞氣○凡來氣局氣俱要得當令之旺氣○不可得當令之煞炁一煞一旺禍福天淵雖得至美之地而運不逢時必不可用歸厚録註云與

其得失元之大地不如得乘時之小地人壽幾何待其去衰入旺身與家俱盡矣此真不易之論也至其氣運之長短力量之大小雖各有一定然又當以地力之厚薄星卦之純駁叅觀之

蔣公云坎離得天地之中氣中男中女即先天之乾坤中藏戊己真土故三元不敗者多震木以壯而根深兌金以少而堅剛且為日月之門戶春秋之平候故亞於坎

一白之煞炁只九紫二十年、二黑之煞炁只八白九紫四十年、三碧之煞炁在七赤八白九紫六十年四綠無餘炁、六白餘炁亦淺其煞炁只在一白二黑三碧六十年七赤煞炁在三碧四綠五黃六白八十年、八白煞炁在二黑以後一百年九紫煞炁在一白以後一百二十年、又須知旺氣煞炁大減於六十年之後

離艮之象為山。山不可移。其質堅矣。故其久亦比震兌乾為老亢之金。坤為既産之之土。故皆不久。巽為稚木。奇花爛熳。不耐風雨。尤為易衰。然龍運雖定。尤當以地力消詳之。若地力厚而星卦純。雖入敗運。止於不發。若地力薄而星卦雜。雖入旺運。縱發亦多顛躓。其說如此。然一白雖為三元不敗。當九紫當令之時。亦不能無敗。二黑至八白而敗。三碧至七赤而敗。中元雖謂

九龍力量之大小三元氣運之長短即能兼旺於下元。然餘氣甚短。不過二十年

上中下一二三四五六七八九之次序

可見

耳。下元則全無餘氣。故楊公不淄下元。其實下元不及中元。中元不及上元。上元力量最勝。所及較久。故曰坎坤不替。

聞蔣公有葬法十則。而未之見。右十欵之目。係歸厚錄定卦篇後所列者。予就其所列而條晰之。以管窺天。不知與蔣公所著。不甚徑庭乎。抑猶河漢而無極也。惜不得蔣本而正之。乾隆乙丑春莫

藜照堂傳

西浦後覺子

家秘本

先後天圖位說

伏羲之始為八卦方位也。乾南坤北離東坎西。自文王出。而以坎離代乾坤。因以震兌代坎離。四正四隅。皆非其舊。論者每以為疑。不知文王實本伏羲六十四卦方圖。而自為八卦方位。曷嘗取伏羲八卦方位而更定之耶。蓋陰陽相偶者天地之所以為體。陽制乎陰。陰助夫陽者。天地之所以為用。伏羲由兩儀而得四象。由四象而得八卦又重之為六十四卦皆一陰一陽遞積而成又取六十四卦作方圓二圖圓為天方為地合之為百有二十八卦所以明陰陽之相偶大無外而小無內有如是也其六十四卦圓圖本於八卦方位固天體之所以立而天道之運行亦不外焉天體已然序其數則由一而二而三而四天運未然測其候則由四而三而二而一故曰數往者順知來者逆乾盡午中坤盡子中

其陽在南其陰在北恰與四時之序相為脗合而與地之方位無關先儒亦且按圖而標其方位者乃天之十二辰非地之四正四隅也地之立體方則為方圖以象之乾始於西北坤盡於東南其陽在北其陰在南蓋明其與天道相為錯綜亦未嘗致辨於四正四隅也是皆一陰一陽相偶成體文王覧之而心與之契知圓圖體兼乎用方圖則言體而未及於用遂本伏羲乾

始西北之義別補一八卦方位即地體以明地道之運行與天為一而論者乃疑其取伏羲之八卦方位而更定之豈不謬哉」

方位各因乎次序乾一兌二離三震四巽五坎六艮七坤八者伏羲之次序也其次序由兩儀四象一陰一陽相偶而來則不得不於卦中較贏絀之數而以陽爻之多者屬南以陰爻之多者屬北天道然也乾為父坤為母一索再索三索而得長男長

女中男中女少男少女者文王之次序也其次序由伏羲乾坤定位陽尊陰卑而來則不得不於卦中審源流之合而以陽爻之為主者居北以陰爻之為主者居南地道然也是故文王八卦方位與伏羲六十四卦方圖陰陽之位置同而所謂陰陽者不同與伏羲八卦方位則所謂陰陽者既不同又以天道地道之別而位置尤不同知其所以不同而先聖後聖之若合符節

亦可推矣。陽主乎變。陰主乎合。一二三四。既由上而左。則五六七八。自由右而下。陰陽相對。無可置疑。人所疑者。以五行求之而不合耳。文王方位。於五行甚合。而文象之陰陽不盡相對。人以是疑之。要之此亦本於理之自然。不假安排也。陰陽各有盛衰稺壯之不同。艮兌陰陽之少者也。坎離陰陽之中者也。震巽陰陽之壯者也。乾坤分給與六子。則已衰矣。惟坎離稟乾坤之中氣故居南北而為之經自坎離而外別無中氣之可言矣然陰常強於陽陽常弱於陰震兌居東西而為之緯以壯陽制少陰亦不失為中氣也又陰強乎陽而但能為合故一至極盛而易摧陽弱於陰而自能為變故雖處極衰而猶振此衰坤所以居西南衰乾所以居西北也乾巽相對壯陰所以助衰陽也坤艮相對少陽可以制衰陰也統而觀之伏羲於方位之對待者

分陰分陽而於其流行見互根之妙文王即於方位見互根之妙而於流行之合同而化著對待之機乾為陽之萌坎為陽之實艮為陽之畜皆處陰位以裕生生之本至陽位之始則臨之以震而為陽之發始可以接陽位之陰卦而極生生之功巽宜對震而以兌之少代之坤宜對乾而以巽之壯代之陽則壯貴於少陰則少貴於壯於是四正四隅各得其宜焉易曰帝出乎

○震言陽氣破陰氣而出也○齊乎巽言陽氣浸盛與陰氣齊也相見乎離言陽氣復含陰氣見陰相陽之中也致役乎坤役養也言陽養既衰盡得陰氣之養也說言乎兌言陽氣受陰氣之成則說矣說則無陽之非陰矣此所成乃出震以後在外之陽氣也在外之陽養既盡斯在内之陽氣復萌其萌不易故曰戰乎乾戰即勞之始也勞焉而其精始固陽實於陰之中故曰勞乎

坎而既固不可以輕洩也艮以止之乃所以成在內之陽氣而待其出也故曰成言乎艮此非於流行之合同而化著對待之機者乎今論者但知離火坎水震木兌金於五行為不可易而不知伏羲八卦方位但主二氣不主五行文王八卦方位其方位本分五行非既配以卦而後有五行亦非執五行而後有所配之卦泥其粗而遺其精亦已愚矣抑又有精焉者伏羲八卦

方位四正四隅無一爻不交媾文王八卦方位四正以中爻交媾四隅或以初爻交媾或以末爻交媾四陽卦由乾之初爻進而為坎之中爻艮之末爻而後震之以初爻代乾者得以中爻交兌焉四陰卦由巽之初爻進而為離之中爻坤之末爻而後兌之以末爻代坤者得以中爻交震焉此與伏羲方位未嘗不相為表裏一以見天道之純而不雜一以見地道之順而有常

而非聖人以私智穿鑿於其間也然先賢不舉其方位分屬之天地而但名之為先後天何也曰天地一物也均之為天也天常先乎地因而謂之先天地常後乎天因而謂之後天可也

洛書說

洛書是地包乎天之數以四隅之偶數包四正之奇數以兩頭之十數包中間之五數是也始於一終於九縱橫皆十五其布置極變化極自然蓋數也而理存其間矣有數即有運運之小者第一年甲子天氣坎用事地氣離用事第二年天氣離用事地氣坎用事第三年天氣艮用事地氣坤用事第四年天氣兌用事地氣震用事第

家秘本

五年○天氣乾用事○地氣巽用事○第六年○天氣地氣皆中宮用事○第七年○天氣巽用事○地氣乾用事○第八年○天氣震用事○地氣兌用事○第九年○天氣坤用事○地氣艮○用事○至第十年癸酉○復與第一年甲子○同至第六十一年甲子○則天氣巽用事○地氣乾用事奚○至第一百二十一年甲子○則天氣兌用事○地氣震用事奚○惟第一百八十一年○乃○與○第○一○年○同○是○甲○子○同○是○天○氣○坎○用○事○地○

氣離用事可見一百八十年乃運之大者其間三甲子分為上中下元各隨洛書之數以用事此與運之小者同出於自然而非私智之所得與也運之小者一年一換乃猛銳莫當之神故逆行而主凶而與之對者亦凶運之大者六十年一換乃寬裕不迫之神故順行而主吉而與之對者亦吉天道有順有逆如日躔於度為逆斗建於宮為順其相反而相成與此一類九宮飛

家秘本

臨穿鑿可笑○其五黃即愚之所謂地氣用事者也○每年地氣用事之處○本是凶煞初不以五黃飛臨也○一百八十元為一會此是大三元此逆則彼順○彼逆則此順○此吉則彼凶○彼吉則此凶○天地之數然也○數顯於洛書○而實始於開闢○吾於運之順輪而信年之逆輪也○吾於順輪之主吉而信逆輪之主凶也○俗言某〻入中宮○五黃臨某〻○雖曰無知妄作○然識者於此○亦可審所避矣○

一百八十元為一會。此是大三元。太陽居高臨下無元運之可言故雖上元作宅亦取南向以受天光惟南方直來之離氣在上中二元自當避之太陽之光可以助吉神而解凶曜選擇與地理皆然故陽宅宜南向以迎之陰宅宜淺培以受之凡陽宅午向能正受太陽之氣若止一二進無直入深衖與卧室相接雖中元亦無害也官衙離氣直入卧房宜

家秘本

避之其屋後往往隙地二三畝則乘運開門亦所甚便若但重元運不重太陽則陰宅何必以太陽不入為咎若但重太陽不重元運則未央宮宮城何以有北門而無南門乎漢興當上元之運蕭何治未央宮宮殿皆南向所以受太陽也其宮城但有北門東門而無南門西門所以乘元運也乘運之法重在入口尤重在直來之氣也

古者童子即習樂舞之事樂以八音配八

方而舞列亦方以象地皆主於宣八方之風自朝廷至於鄉黨莫不肄習故三代以上元運不甚驗由於八風之既和也自樂舞廢而元運靈始有談地理者矣

日光與人氣皆主於吉但日光能解散煞氣人則不能若逢平運戶外之屨常滿其發福直不異於旺運也或屋止一進煞氣旺氣皆不聚而來往人多亦能發福

陰陽交媾則成胎矣交媾為陰陽對陰之名

成胎乃陰裹陽之義。楊公謂壬當順輪。癸當逆取。壬癸二字。即父精母血之謂也。

混元歌

造化混濛闢誰手○靈氣飛翔勢蚴蟉○伏羲老子始識得○一九團團具樞紐○一陰一陽妙相媾○結得玄珠千刼久○扶輿煦嫗俱天陽○陽燄騰騰入無厚○黃芽發育嬰兒成○土膺冲和茹靈秀○不識空龍枉問龍○順逆還從對待遘○抽添妙用坎與離○消息多憑復與姤○八卦方兮九星圓○方圓無常奇亦耦○吸取星光入卦象○如鏡取犬不少謬○山剛

藜照堂傳

家秘本

水柔總是陰山落水來陽已有大地週遮
氣渾淪即遭百六非陽九六甲專求骨脉
專洩在尾閭蓄在首龍幹脫枝枝屈曲之
玄蓋穴不飛走攀騎挾龍三格殊坐向空
實須詳剖近身一機吸百竅百竅玲瓏咸
注受月照川兮川有月蕩漾全由水光透
古来葬義取能藏藏乘真氣死者壽真炁
玄玄奪天巧宣示此篇傳不朽

混元秘旨

無形有形形者存靜中取動動歸一元
日月互藏旋乾轉坤一氣團轉生死攸分
扶輿蜿蜒誰破渾淪九皇照耀八極環輪
亦水探珠衆妙之門一本萬殊萬殊貫之
山骨水血氣脉不歧因陰顯陽陰在陽隨
歷老得嫩遡幹得枝必清且專不離而離
含胎凝孕結息為期地以天靈空龍必識
我有九子壽將二百渾之大昌耑之亦得

博字疑是轉字

縱三橫三〇三三相值〇維天地人〇洛書是式〇
統龍生氣〇具大神力〇離流吸坎〇坐挾兩盆〇
生殺流行〇生與殺敵〇岡壠糾紛〇岩巒攢結〇
頓跌起伏〇博換承接〇重重玉帳〇賔從環列〇
泡節暈形〇消息乃合〇肌肉冲融〇削露非吉〇
項突窩鉗〇因勢成穴〇平洋水龍〇取象朝宗〇
幹水生枝〇骨察真踪〇來脉之玄〇至實彌空〇
江西花發〇朗映江東〇近身一吸〇醍醐味濃〇
靈火之精〇乃在水中〇水流魚活〇習習春風〇

水腹水首○太極不同○半月腹喞珠首○蘊蓄無窮○

大波照奪○反水反攻○斜飛穿射○漏割皆凶○

平岡之龍○與山大同○脫換退卸○真炁乃鍾○

平原無水○亦作水看○高卑隱現○尺寸非難○

凡夫堂局○須端且平○四水環衛○八風不生○

香几玉案○右抱左縈○內宮緊翕○外垣有情○

城郭叢社○殊忌縱橫○金土與水○三吉成形○

鉗頭立向○萃氣之精○總之至理○陰陽為綱○

雌○雄○黃○白○顛○倒○精○詳○紛紛卦例○理失大常○

家秘本

生旺墓絕。為生民殃。我現此篇。洞房靈章。上士得之。重比青囊。造化在掌。垂福無疆。

蕭客水龍經

山郡以山為龍水郡以水為龍三吳諸郡枝浜交流一圩之地不過里許前賢謂水為龍正謂此也相水認勢葬下真穴富貴悠久古云平洋大地無龍虎漭漭歸何處東西只把水為龍下着發三公千里無山英雄迭出其貴在水蓋其地近海通潮或時潮來或時潮去來口便是去口去口便是來口兩頭交媾為交精潮退兩分為乳

蔭妙處在乎潭漩生活喜其之玄潭漩聚精神百倍之玄現變化無窮屈曲来朝不論大河小澗遠流轉抱無分浜溇池塘經云地道剛柔神變化衆流聚處引玄機小水聚多而愈妙直流縱大不為奇橫過抱身為抱局當面曲朝是迎神大抵来宜屈曲去合之玄直流者易於興敗凝靜者發福綿長水口交鎖織結雖順亦吉局內穿割箭射縱逆何庸此等水法理致甚微不

特知之者鮮。而講之者亦稀。

此水龍經第四卷也。蔣公最取其篇首二句為千古開闢之論。謂非淺學者所能庶幾。又極稱水口交鎖二句為通達之識。其餘文多粗率。理多穿鑿。畧之可也。蓋緣未得真傳正授。故於真機尚隔一山。然較之實地求龍者。已不啻霄壤矣。後覺子筆記

家秘本

摘錄蕭客玄機水神篇

一到平洋。以水為脉。以水為護。以水為朝。以水為坐。水本非龍。而龍從水現。水行龍行。水止龍止。水貴曲而不貴直。貴聚而不貴散。故水不亂灣。灣則氣全。水不亂聚。聚則氣會。灣者不宜雜亂。聚者須要深蓄。以湖作鎖。以水定局。無幹不成龍。無枝不成穴。古云。洋洋大水為關鎖。關鎖裏面有真龍。真龍須要成星體。星體只取金水土行。

家秘本

龍之水且怕分結穴之水必眞息不割不漏龍穴眞若多滲洩非眞結一水曲流首腹可求二水交聚聚處結搆四水之會公侯之貴衆水之會扦州立郡貴者氣之清（條〻現乩）富者氣之厚（濟〻瘋乩）依水立穴遠近審水面之寬窄依局立向坐向看前後之高低必收生而出煞自鬼避而神迎平洋輿旨盡矣

蕭客玄機四篇曰支壠曰洋突曰地龍曰水神皆僞術之邪說也其水神篇中

間有一二可採之句。予不忍沒。故為改正而摘録之。其諄謬者則削除之。不留以滋害也。後覺子筆記

家秘本

地理摘錦

凡入水鄉便向河路尋浜頭若浜頭有曲抱灣兜有情處則為有穴方好去細覓若河無浜頭或浜頭硬直無情則不結作不必尋也

大江大河直流數十里或百里忽然大環大轉此中必有大地經云百里直來臨有曲曲中必定隱眞龍葢因外以知内也於此尋枝流必有好結作

家秘本

人知尋龍為認穴之根本。不知認水乃尋龍之捷徑。大水近邊莫尋穴。下後令人絕。小水聚處有奇蹤。折着出三公。取千頃之汪洋滙諸案外。不若取一勺之靈秀聚於穴中。地有星體美醜者。其形也。地有精神衰旺者。其氣也。楊公言空龍。蓋以地實天空。地必得天而始結非舍實而竟言空也。後幕師以空則水入。以水言龍。猶楊公之言空也。故幕師以水分枝幹尋龍。乃是尋龍之捷法。非實法以水為龍也。

（不是）（是尋龍之正法）（不是捷）

夫蟠乎空際。行乎水中。固皆有氣。然必依附於地。而始發生。

地以形而受天之氣。天以氣而貫地之形。形靜而實。氣空而動。實非空無以發生。空非實無以依附。天地生生之道。其所以不

窮者皆此空實動靜相成之靈妙也
龍不取諸近舍父而求高曾呼籲其能應
乎水不管其私開室户而固城門夜盜其
不入乎故引氣收龍總以本身眞水口為
主所謂發機者是也因局定卦總以貼身
最近者為主所謂八尺者是也
穴者下乘地氣上受天陽者也廖氏有云
地與天為正配蓋乾父坤母故穴必倚天
陽而始發生又云仰高之穴得天為多若

憑高止得一面之天○故憑高不若仰高○蓋天體覆而向下○地氣仰而向上○惟仰高得地正體與天正對○故其福力倍勝於憑高○地力大小○以得天之多寡為斷○此穴之所以喜天陽也○

水中格水以辨水路之純駁○正所以辨龍神之純駁

龍猶夫也○水猶妻也○龍與水是真夫妻非狀字之可言也

認其氣之所止以為定穴之的○一言破的

坐受水氣向受天氣○

家秘本

地有天然之美穴自有天然之正向

水長則氣緩穴在源頭動處水短則氣微 龍頭穴 言小短是

穴在腹中旺裡 懸珠肘停

前後左右一邊活水一邊死水方能結作

遠近水動近水為的

所嫌納甲之作用純氣不能化生 獨陰獨陽

喜乘生旺之龍貴合元運之氣 生旺即元運之生旺非元運之外別有生旺也

作穴須乘生氣有来氣有局然當兼而收之

摘錦歌

龍得局今局得龍〇龍局同元勢更雄〇龍自面來收穴後〇一條秀水曲如弓〇此是擧龍格挹歸穴後止者

人說浜底不足裁〇那知龍向此中回〇水源聚處龍收處〇審局收龍擇吉揆〇此是龍頭穴扶龍格

洛陽原是帝王都〇運轉燕京草木枯〇非是山川有兩樣〇昔日靈光今日無〇此言元運宜詳

南方旺氣[二]坎來清〇東北水歸[二]坤局明〇水勢聚西[三]卯神秀〇上元真局慎調停〇上元

家秘本

東南水聚乾神雄○西北汪洋巽氣通○水若
四圍團聚緊中元黃局可相從○中元
震位淵渟是兌來○坤方浩淼艮為胎○壬癸
滔滔勢無比○不作離龍作甚猜○下元
局運依元配洛書○尤須登穴看高低○務求
高處為朝案○急讓低空穴後虛○或水或低
三面護○丁財富貴大門閭○此言三堂四勢
此龍名號上天龍○布散陽和宇宙中○不但
御街能作相○滿門孝義福無窮○坎

只看東北水光浮○墳有兆攔氣脈收○遠曜
近星皆翕聚○上中二運樂優游○ 坤
兌方湖蕩水洋洋○內氣兆收坟葬良○百二
年華堆錦繡○管教四世慶源長○ 震
乾宮曲水四宮坟○八十年中享大名○若曉
運中安吉穴○黑頭公相秉鈞衡○ 巽
震宮大水似滔天○一滴元辰引穴邊○此墳
及元稱第一○家如金谷位高遷○ 兌

家秘本

幕講禪師認水相局起例歌、

東南乾局西南艮。東北為坤西北巽。北離西震兌因東。南方水路坎山同。四方相等是中宮。遠近微茫銖黍窮。

家秘本

蔣公題幕師千里眼後

分明一穴有三堂○識得三堂福自昌○左右放空堂氣進○若還夾實便為殃○風吹太極丁財足○腦後堆高定不祥○須看來源尋起伏○節節低低出脉強○兩邊砂遠高方妙○朝山聳特貴難量○河水衡来須短濶○如鎗如箭值房傷○反飛斜跳皆堪怕○金水為城不用商○仍怕裏頭并潑面○個中玄妙細推詳○幕師秘却三元訣○恐有匪人問短長○

吉凶水格歌

當面朝来是入懷○朝貧暮富暢奇哉○若還直射須迴避○方正横平照運裁○曲来是朝直来是射

無去無来為聚面○况復灣環緊抱身○此水名為最上格○運来頃刻會飛騰○此是池塘湖沼之説

穴後多纏名拱背○定然發福最悠長○世間多少名卿相○坐水朝山大發祥○此是騎龍格

吉水佳城有幾般○迴流融瀦穴天然○御街倉板幷腰帶○暗拱鳴珂總福田○

牽鼻衝心最可驚。裹頭射肋總傷人。漏腮
穿背分流去。割脚淋頭禍即侵。
長子身亡為左穿。幼兒家破右腰攢。明堂
若更来衝射。仲子流離在眼前。
中原平地及湖鄉。茫茫濶遠何相當。此處
定穴只看水。水遶灣環是穴場。
若還舍水去尋龍。四望皆平無定踪。此是
空亡無氣脉。葬来不久定遭凶。
水畜之鄉小成大。水卸之鄉大亦敗。這段

工夫妙入神。古書讀盡無人載。

家秘本

編號	書名	作者	說明
占筮類			
1	擲地金聲搜精秘訣	心一堂編	沈氏研易樓藏稀見易占秘鈔本
2	卜易拆字秘傳百日通	心一堂編	
3	易占陽宅六十四卦秘斷	心一堂編	火珠林占陽宅風水秘鈔本
星命類			
4	斗數宣微	【民國】王裁珊	民初最重要斗數著述之一；未刪改本
5	斗數觀測錄	【民國】王裁珊	失傳民初斗數重要著作
6	《地星會源》《斗數綱要》合刊	心一堂編	失傳的第三種飛星斗數
7	《斗數秘鈔》《紫微斗數之捷徑》合刊	心一堂編	珍稀「紫微斗數」舊鈔秘本
8	斗數演例	心一堂編	
9	紫微斗數全書（清初刻原本）	題【宋】陳希夷	斗數全書本來面目；有別於錯誤極多的坊本
10-12	鐵板神數（清刻足本）——附秘鈔密碼表	題【宋】邵雍	無錯漏原版 秘鈔密碼表 首次公開！
13-15	蠢子數纏度	題【宋】邵雍	蠢子數連密碼表 打破數百年秘傳 首次公開！
16-19	皇極數	題【宋】邵雍	清鈔孤本附起例及完整密碼表 研究神數必讀！
20-21	邵夫子先天神數	題【宋】邵雍	附手鈔密碼表 研究神數必讀！
22	八刻分經定數（密碼表）	題【宋】邵雍	皇極數另一版本；附手鈔密碼表
23	新命理探原	【民國】袁樹珊	子平命理必讀教科書！
24-25	袁氏命譜	【民國】袁樹珊	
26	韋氏命學講義	【民國】韋千里	民初二大命理家南袁北韋
27	千里命稿	【民國】韋千里	
28	精選命理約言	【民國】韋千里	北韋之命理經典
29	滴天髓闡微——附李雨田命理初學捷徑	【民國】袁樹珊、李雨田	命理經典未刪改足本
30	段氏白話命學綱要	【民國】段方	民初命理經典最淺白易懂
31	命理用神精華	【民國】王心田	學命理者之寶鏡

編號	書名	作者	備註
32	命學探驪集	【民國】張巢雲	發前人所未發　稀見民初子平命理著作
33	澹園命談	【民國】高澹園	
34	算命一讀通——鴻福齊天	【民國】不空居士、覺先居士合纂	
35	子平玄理	【民國】施惕君	
36	星命風水秘傳百日通	心一堂編	
37	命理大四字金前定	題【晉】鬼谷子王詡	源自元代算命術
38	命理斷語義理源深	心一堂編	稀見清代批命斷語及活套
39-40	文武星案	【明】陸位	失傳四百年《張果星宗》姊妹篇　千多星盤命例　研究命學必備
相術類			
41	新相人學講義	【民國】楊叔和	失傳民初白話文相術書
42	手相學淺說	【民國】黃龍	民初中西結合手相學經典
43	大清相法	心一堂編	重現失傳經典相書
44	相法易知	心一堂編	
45	相法秘傳百日通	心一堂編	
堪輿類			
46	靈城精義箋	【清】沈竹礽	沈氏玄空遺珍　玄空風水必讀
47	地理辨正抉要	【清】沈竹礽	
48	《玄空古義四種通釋》《地理疑義答問》合刊	沈瓞民	
49	《沈氏玄空吹虀室雜存》《玄空捷訣》合刊	【民國】申聽禪	
50	漢鏡齋堪輿小識	【民國】查國珍、沈瓞民	失傳已久的無常派玄空經典
51	堪輿一覽	【清】孫竹田	
52	章仲山挨星秘訣（修定版）	【清】章仲山	章仲山無常派玄空珍秘　門內秘本首次公開　沈竹礽等大師尋覓一生末得之珍本！
53	臨穴指南	【清】章仲山	
54	章仲山宅案附無常派玄空秘要	心一堂編	
55	地理辨正補	【清】朱小鶴	玄空六派蘇州派代表作
56	陽宅覺元氏新書	【清】元祝垚	簡易・有效・神驗之玄空陽宅法
57	地學鐵骨秘　附　吳師青藏命理大易數	【民國】吳師青	釋玄空廣東派地學之秘
58-61	四秘全書十二種（清刻原本）	【清】尹一勺	玄空湘楚派經典本來面目　有別於錯誤極多的坊本

91	地學形勢摘要	心一堂編	形家秘鈔珍本
92	《平洋地理入門》《巒頭圖解》合刊	【清】盧崇台	平洋水法、形家秘本
93	《鑒水極玄經》《秘授水法》合刊	【唐】司馬頭陀、【清】鮑湘襟	千古之秘，不可妄傳匪人
94	平洋地理闡秘	心一堂編	雲間三元平洋形法秘鈔珍本
95	地經圖說	【清】余九皋	形勢理氣、精繪圖文
96	司馬頭陀地鉗	【唐】司馬頭陀	流傳極稀《地鉗》
97	欽天監地理醒世切要辨論	【清】欽天監	公開清代皇室御用風水真本
三式類			
98-99	大六壬尋源二種	【清】張純照	六壬入門、占課指南
100	六壬教科六壬鑰	【民國】蔣問天	由淺入深，首尾悉備
101	壬課總訣	心一堂編	過去術家不外傳的珍稀六壬術秘鈔本
102	六壬秘斷	心一堂編	
103	大六壬類闡	心一堂編	
104	六壬秘笈——韋千里占卜講義	【民國】韋千里	六壬入門必備
105	壬學述古	【民國】曹仁麟	依法占之，「無不神驗」
106	奇門揭要	心一堂編	集「法奇門」、「術奇門」精要
107	奇門行軍要略	【清】劉文瀾	條理清晰、簡明易用
108	奇門大宗直旨	劉毗	天下孤本 首次公開
109	奇門三奇干支神應	馮繼明	虛白廬藏本《秘藏遁甲天機》
110	奇門仙機	題【漢】張子房	
111	奇門心法秘纂	題【漢】韓信（淮陰侯）	奇門不傳之秘 應驗如神
112	奇門廬中闡秘	題【三國】諸葛武侯註	
選擇類			
113-114	儀度六壬選日要訣	【清】張九儀	清初三合風水名家張九儀擇日秘傳
115	天元選擇辨正	【清】一園主人	釋蔣大鴻天元選擇法
其他類			
116	述卜筮星相學	【民國】袁樹珊	民初二大命理家南袁北韋
117-120	中國歷代卜人傳	【民國】袁樹珊	南袁之術數經典